JN037370

がんばらなくても
栄養たっぷり！

離乳 & 幼児食食

まるごとBOOK

著者：みきてぃ
（離乳食アドバイザー・上級幼児食インストラクター）

監修：中村美穂
（管理栄養士）

はじめに

はじめまして。
4歳の娘と0歳の息子の日々のごはんや暮らしをインスタグラムで発信しているみきてぃと申します。
この本を手に取ってくださり、本当にありがとうございます。

4年前、初めての子育てと初めての子どもごはん作りがスタートしました。
離乳食ではややこしさとめんどくささに衝撃を受け、幼児食期は娘の好き嫌いが開花し、せっかく作っても食べてくれなくて撃沈する日々。
可愛いはずの子どもにイラッとしては自己嫌悪し、時間に追われ、ごはんを作る気力は0……。

もうずーっと悩みが尽きない子どものごはん。
「なんとかしたい！」と、好き嫌いの多い娘に挑み続け、その中から簡単で娘がよく食べたレシピだけを発信し続けました。

すると、同じ悩みを抱える仲間から
「偏食っ子が爆食いしました！」
「苦手な野菜を食べました！」
「栄養が摂れて心が軽くなりました！」
「材料入れて放置するだけでほんとにできました！」

「薄味なのに大人もおいしい〜」
「おかわり3回しました！　私が←」
という嬉しい言葉をたくさんいただきました。

子どもには元気に育ってほしいから、食べてくれるだけで安心するし、「ママ、おいしいね」って言われるとたまらなく嬉しいんですよね。心と時間にゆとりができたら、子どもにも優しくなれます。

これまで応援してくださった皆さんの思いを胸に、監修の中村先生の力もお借りして、さらにパワーアップしたわが家の離乳食と幼児食を、約1年という時間をかけて、よりわかりやすくまとめました。
「おいしい・簡単・時短・栄養たっぷり・減塩で大人も健康的」で、0歳から大人までおいしく食べられる「最強の子どもごはん本」になっています。

毎日が忙しいとつい忘れてしまうけど、乳幼児の「ママ」「パパ」でいられるこの幸せな時間は一瞬。
この本が、子どものごはんに悩む全てのママ・パパの心のよりどころとなり、笑いあふれる食卓を作るお手伝いができたら、この上なく嬉しいです。

みきてぃ

お約束

- ◆この本は厚生労働省「授乳・離乳の支援ガイド」に沿って制作しています。ただし、赤ちゃんや子どもの食べる量や、かむ力には個人差があります。あくまで目安として考え、その子どもの成長に合わせて、量や固さ、大きさなどは調整してください。
- ◆幼児食・離乳食について心配なときは、赤ちゃん・子どもの様子を見てかかりつけ医にご相談ください。
- ◆子どもが食事をしているときは、保護者等の大人が必ず側につき、目を離さず見守ってください。

Staff

アートディレクション：細山田光宣（細山田デザイン事務所）
デザイン：柏倉美地（細山田デザイン事務所）
DTP：山本秀一、山本深雪（G-clef）
編集協力：大西史恵、宮下舞子

撮影：後藤利江
スタイリング：露木藍
調理アシスタント：三好弥生
校正：ぷれす

Contents

Part1 離乳食

Part2 幼児食

この本の使い方

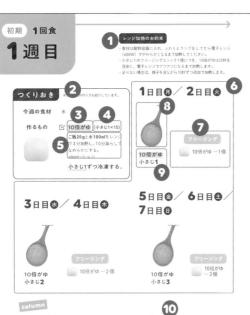

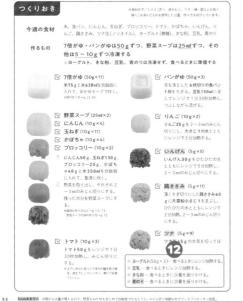

離乳食初期・中期

1週間分のフリージングストックを作り、それを解凍・加熱して食べさせます。この時期は食材をすべて加熱し、なめらかなペースト状やみじん切りにする必要があります。この本では「つくりおき」の通りにフリージングストックを作って、献立をマネして食べさせる構成となっています。

① なるべくほったらかし調理ができるよう、電子レンジを使った作り方を多数掲載しています。その際に守ってほしいルールや注意事項です。

② その週の献立に必要な食材一覧や、フリージングストックの作り方、分量などの情報をまとめています。中期以降、2週間ずつ同じ献立を繰り返しますが、つくりおきの量は1週間分で記載しています。

③ その週に初めて出てくる食材には、黄色いマーカーを引いています。

④ 完成するフリージングストックの分量です。ここでは「小さじ1の10倍がゆフリージングストックが15個分」ということになります。作る週によって、分量や個数が変わります。

⑤ その週に必要なフリージングストックを作るための材料とその分量、調理手順です。初めて食材以外は炊飯器で一度に作る調理法もあります。食材ごとに作りたい場合や、調理器具を違うものにしたい場合は調理の基本（→p.13）や時期別の主食の作り方を参考にしてください。

⑥ その週の献立です。初めての食材が、病院の開いていない土日に出てこないように考慮し、月曜日からスタートすることを想定しています。中期以降は2回食になり、複数の食材を一緒に食べさせる献立になっています。

⑦ その日に使うフリージングストックの個数です。「レンジ加熱のお約束」を参考に、アツアツになるまで加熱し、さましてから食べさせましょう。

⑧ フリージングストックを解凍し、たべさせる状態の見本のイメージ写真です。

⑨ その日の献立です。食材名と与える量を記載しています。初めて与える日の場合は、食材名に黄色いマーカーを引いています。

⑩ その時期に関連した、知っておきたい情報をまとめています。

⑪ みきてぃから皆さんに伝えたい経験談やちょっとしたポイント、思い、たまに家族のエピソードなどいろいろな種類の情報です（ボケているだけのときもあります）。

⑫ ★マークがついている食材は、フリージングにおすすめしない、またはフリージングの必要がない食材です。与え方と分量についてのみ記載しています。

⑬ 一番上がレシピ名です。そのレシピに必要なフリージングストックとその個数、食材を下にまとめています。レシピは電子レンジで解凍・加熱したストックや食材を混ぜるだけ、もしくはかけるだけで完成。★マークの食材は、食べさせるときに加熱したり、振りかけたりする食材です。

離乳食後期・幼児食

離乳食後期からは、レシピを組み合わせて献立を考えます。献立の考え方や、献立例は各期の冒頭で紹介しているので、それを参考に子どもの好みや食べ具合、作る人の都合なども合わせて献立を考えてみてください。多くのレシピで、冷凍保存が可能です。すぐに食べない分は、冷凍して翌日以降の献立に役立ててください。

① 実際に調理で手を動かす時間の目安です。炊く時間やオーブンに入れる時間などほったらかしでOKな時間は含みません。

② このレシピに必要な材料と分量、完成する量の目安です。

③ 調理手順です。食材を洗う・皮をむく、不要な部分を取り除くなどの下ごしらえや、電子レンジ加熱の際にラップをかけるなどの手順は省略して記載しています。記載のない場合のレンジ加熱はラップをかけてください。

④ 味をちょっと変えたいときや、子どもが食べやすくなる調理のポイントや、ラクに作れるポイントなどをまとめています。

⑤ 幼児食では、大人も同じレシピを食べられます。大人向けに味を足したいとき、おすすめのちょい足し調味料です。お好みの量をプラスしてください。

⑥ このレシピが果たす栄養の役割です。主食・主菜・副菜（またはスープ）が揃っているものは1品だけでもOK。3つが揃う献立を考えるヒントにしてください。

⑦ このレシピの特徴を示すアイコンです。レシピ選びのヒントになるように代表的なものを入れています。

（電子レンジ） 電子レンジで作れる	（混ぜるだけ） 混ぜるだけで簡単
（包丁いらず） 包丁を使いません	（フライパン） フライパンで作る
（冷凍OK） 冷凍保存ができる	（炊飯器） 炊飯器で作る
（オーブン） オーブンでほったらかし調理できる	
（なべ） なべを使って作る	

〈炊飯器調理の注意事項〉
炊飯器で初めて調理をするときは、必ずこまめに様子を見てください。機種によっては加熱が長く続いてしまうことがあります。いつもより長いと感じたら、いったんフタを開けて中身を確認してください。お使いの機種の炊飯機能の違いによって、水加減や炊飯時間、加熱モードが本書と同じにならないことがあります。機種に合わせた水加減、モードで調理してしてください。また、機種によっては、調理を推奨しないものもあります。弊社、著者ともに責任を負いかねますので、自己判断で調理をしてください。

レシピのルール

◆材料の分量は、離乳食は子ども1　0食分、幼児食は大人2人＋子ども1人分で表記しています。すぐに食べない分は小分けにして冷凍してください。

◆特に記載のない場合でも、野菜類を洗う、皮をむく、ヘタや種を取り除くなどの下ごしらえをしてから調理をしてください。

◆加熱の際、特に記載のない場合の火加減は中火です。

◆計量は1カップ＝200mℓ、大さじ1＝15mℓ、小さじ1＝5mℓです。「1つまみ」は親指と人差し指の先で1回つまんだくらいの量です。

◆電子レンジの加熱時間は600W、オーブントースターの加熱時間は1000Wを基準にしています。機種によって加熱時間が異なる場合があるので様子を見ながら加減してください。

◆調理時間は目安です。火加減、なべの大きさによっても異なります。

離乳食・幼児食とは？

離乳食は
母乳・ミルク以外のものを口にするチャレンジ期間！

幼児食は
大人と同じ食事をするための準備期間！

不足エネルギーや必要な栄養素を補う

生後半年経つと、母乳やミルクだけでは成長に必要な栄養を摂ることができなくなります。母親の胎内でもらっていたエネルギーや栄養素も減ってくるので、食事で栄養を補う必要があります。成長スピードが早まる幼児期は、3食の食事とおやつから、バランスよく栄養素を摂ることが大切です。

POINT **2**

味や食感に慣れ、食べる力を育む

「味」には、甘み・塩味・うま味・酸味・苦みなどさまざまあります。さまざまな味や香り、食感に出会うことで、赤ちゃんや幼児の味覚は発達していきます。成長や発達に合わせて、食材の種類や固さ、調理法を調整し、かむ力や飲み込む力、消化吸収する力を育みましょう。目で見て、手や食具を適切に使って口に入れるという一連の動作を行う力も育まれます。

POINT **3**

食べる楽しさを知り、生活リズムを作る

楽しい雰囲気の食卓で、家族と一緒に食事をすることで、赤ちゃんや幼児は食べる楽しさに出会い、精神的な安らぎや安心感を得ることができます。大人もリラックスして、お話ししながら食事をしましょう。また、できるだけ決まった時間に食べることで、生活リズムの土台を作っていくことができます。食事は規則正しい生活を送る上での基礎になります。

これだけは守りたい！
5つのルール

1 個性・発達に合わせた進め方を

赤ちゃんの発達には個人差があり、食べる意欲もひとりひとり異なります。離乳食の量やペースはあくまで目安として参考にし、あまり捉われすぎないようにしましょう。本に書いてある段階通りに進まなくても、その子の成長のペースに合わせて進めれば大丈夫です。

2 衛生面に気をつけ、加熱処理を

赤ちゃんは特に細菌への抵抗力が弱いです。初めての食材はしっかりと中まで加熱して与えましょう。調理前や生魚、生肉を触ったあとは石鹸でしっかり手を洗い、まな板や調理器具も洗剤でよく洗います。調理途中に生ものを出しっぱなしにすることがないように気をつけましょう。

3 初めての食材は少しずつ試す

初めての食材は、午前中に、1日1種類ずつ、赤ちゃん用のスプーン1さじから始めます。食後に体調に変化が出ないかどうか、よく観察するようにしましょう。数日は同じ食材をあげて慣れさせ、食べる様子を見ながら、量を徐々に増やしていきましょう。

4 量や味つけは成長に応じて

食べる量は月齢や年齢の目安を参考にしながら、焦らずに進めましょう。たんぱく質、脂質などの体への負担が大きいものは、食べすぎに注意。離乳食期や幼児期は食材そのものの香りや味を体験することが大切なので、濃い味つけや、カフェインなどの刺激物は避け、なるべく薄味に。

5 食事・おやつ中は目を離さず見守って NG食材や誤えん、ちっ息に注意

発達段階に合わせて食べられる食材、食べられない食材があります（→p.24、p.51、p.71、p.97）。はちみつ、生もの、ナッツ類、餅、そばなどは1歳未満の赤ちゃんに与えてはいけません。1歳を過ぎても、発達段階やその日の体調などを見て食べさせるようにしましょう。また、丸いぶどうやミニトマトなどの丸い食材は、まる飲みするとちっ息の危険があります。必ず4等分以上に小さく切ってください。また、いかやこんにゃくなどかみづらいもの、誤って気管支に入りやすい豆やナッツは避けましょう。食材に関係なく、動きながら食べたり、口に食材を詰め込みすぎたりすることなども危険です。食事中は少しの間も目を離さず見守り、異変を感じたらすぐに病院へ。

月齢・年齢別の進め方

離乳食

	初期 5～6か月ごろ	中期 7～8か月ごろ	後期 9～11か月ごろ
回数	1日1回 5週目ごろからは2回にしてもOK(本書では1日1回)。	1日2回	1日3回
1食分の目安量	10倍がゆ…小さじ6まで たんぱく質(いずれか) 　魚…10gまで 　豆腐…25gまで 　卵…卵黄小さじ1まで 　乳製品…15gまで 野菜・果物…20gまで	7倍がゆ…50～80g たんぱく質(いずれか) 　魚や肉…10～15g 　豆腐…30～40g 　卵…卵黄1個～ 　　全卵⅓個 　乳製品…50～70g 野菜・果物…20～30g	5倍がゆ…90g(9か月～) 軟飯…80g(10か月～) たんぱく質(いずれか) 　魚や肉…15g 　豆腐…45g 　卵…全卵½個 　乳製品…80g 野菜・果物…30～40g
固さ・大きさ	● はじめは裏ごししてすりつぶして、なめらかなポタージュ状に。 ● 慣れてきたら少しずつ水分を減らしてヨーグルトのような固さにします。	● 絹ごし豆腐くらいの固さ。舌でつぶせるようにします。 ● 慣れてきたら2～3mmに細かく刻みます。	● バナナ程度の固さ。歯ぐきでつぶせるようにします。 ● 大きさは5～8mm大にし、慣れてきたら少しずつ大きくします。
特徴	● 白身魚や豆腐などのたんぱく質や、野菜や果物なども1日1さじから始め、少しずつ増やしていきます。 ● 母乳やミルクは赤ちゃんのリズムに沿って、欲しがる量を与えます。食事の2～3時間前はなるべく授乳せずに空腹状態にしましょう。	● パサつきがちな食材はとろみをつけて、飲み込みやすくしましょう。 ● 母乳やミルクは毎食後に飲ませます。食後以外に、母乳は欲しがる量を、ミルクは3回程度を目安に与えます。	● 鉄分が不足しがちなので、赤身の魚や肉、緑黄色野菜などを意識的に取り入れましょう。 ● 手づかみ食べの練習を始めましょう。 ● 母乳やミルクは毎食後と、食後以外に、母乳は欲しがる量を、ミルクは2回程度を目安に与えます。

０歳５か月から６歳まで、適している食事の特徴や量の変化をまとめました。
子どもによって個人差があるので、あくまで目安と考えて無理なく進めましょう。

幼児食

	幼児食移行期 １～１歳半ごろ	前期 １歳半～３歳ごろ	後期 ３～５歳ごろ
回数	１日３回＋おやつ１～２回	１日３回＋おやつ１～２回	１日３回＋おやつ１回
１回分の目安量	軟飯やご飯…80g たんぱく質（いずれか） 　魚や肉…15～20g 　豆腐…50～55g 　卵…全卵½～⅔個 　乳製品…100g 野菜・果物…40～50g	ご飯…90～120g たんぱく質（いずれか） 　魚や肉…20～30g 　豆腐…75g 　卵…全卵⅔個 　乳製品…150g 野菜…50～60g 果物…30g	ご飯…150g たんぱく質（いずれか） 　魚や肉…30～40g 　豆腐…90g 　卵…全卵１個 　乳製品…200g 野菜…60～70g 果物…40～50g
固さ・大きさ	● やわらかな肉だんご程度の固さ。歯ぐきでかめるようにします。 ● 大きさは１cm程度の角切りやいちょう切り、スティック状などに。	● りんご程度の固さ。奥歯でかめるようにします。 ● 2.5cm大の角切りや乱切りにし、スプーンにのるくらいの大きさにします。	● きゅうり程度の固さ。少しずつ大人よりやわらかい程度の固さにします。 ● ３cm大～ほぼ大人と同じ大きさの短冊切りなどにし、箸ではさめるように。
特徴	● 魚や肉は食べやすい大きさに切ったり、ほぐしたりします。 ● 食事の合間におやつを１～２回とります。母乳やミルクは１歳をすぎたら牛乳に替えても。 ● 食後の授乳は少しずつ減らしていき、栄養の８割を食事から摂れるようにします。	● スプーンやフォークを使って自分で食べるようになります。スプーンにのせやすいサイズや、とろみをつけてすくいやすくするなど、大きさや形状を工夫します。 ● 好き嫌いや、好奇心旺盛になって食事に集中できないなどの悩みも出てきます。	● ３歳ごろから箸を使い始めますが、正しく持てるようになるのは５～６歳が目安です。 ● 言葉を理解できるようになり、食事マナーを覚えながら、少しずつ落ち着いて食事ができるようになります。

あると便利な調理道具

少量の調理をする場合には、赤ちゃん用の離乳食調理セットなどもおすすめです。
家にあるもので代用することもできるので、必要に応じて揃えましょう。

計量カップ&計量スプーン

計量カップは、1カップ（200mℓ）のもの、計量スプーンは大さじ1（15mℓ）、小さじ1（5mℓ）、小さじ½（2.5mℓ）を持っておこう。

キッチンスケール

たんぱく質や野菜・果物などの量をはかるために必要です。1g単位からはかれるスケールが使いやすくておすすめです。

スライサー

刃に当ててこするだけで、野菜の薄切りができます。千切り・細切り・みじん切りなどに対応したものが1台あると便利。

ピーラー

野菜や果物は必ず皮をむいてから調理をします。ピーラーを用意しておくと手早く下ごしらえ、調理ができます。

キッチンばさみ

野菜や肉はもちろん、うどんなどの麺類を食べやすくカットします。まな板を使わずにさっと食材を切ることもできるので便利です。

耐熱容器

1食分だけの調理は電子レンジを使うと簡単な場合も。ボウルで混ぜてそのまま加熱できる容器があると重宝します。

すり鉢・すりこぎ

離乳食初期に、おかゆや白身魚、野菜などをすりつぶすために使います。はじめは少量なので小さめのタイプがあると便利です。

裏ごし器

小さめのざるや茶こしでも代用できます。食材をペースト状にする際に、種や粒などを取り除いてすりつぶすときに使います。

おろし器

食材をすりおろすために使います。おろし器の大きさやおろしの目の粗さもいろいろあるので、時期や用途に合わせて選びましょう。

ブレンダー&フードプロセッサー

食材を細かく切り刻んだり、ペースト状にしたり、かくはんしたりするときに使います。一度に多めに作って冷凍する場合などに便利。

赤ちゃん・幼児用食事グッズ

スプーンやフォーク、箸などは、適した大きさや形状のものが必要です。月齢・年齢に応じたものを用意しましょう。
赤ちゃんの腰がすわったら専用のいすに座らせて食べさせますが、しっかりと足がつくタイプがオススメです。また、食べこぼしキャッチに食事エプロンがあると便利。ママ・パパの気分が上がるデザインを選んでもいいですね。

定番おすすめ食材

離乳食・幼児食を作るときに、わが家で普段から活用している便利食材を紹介します。
子どもに安心・安全で、時短だったり、手間を減らせたりするものばかりなので
ぜひ参考にしてみてください。

あるとラクラク♪調味料

いつもの味つけに飽きがきたら、
お手軽ベビー調味料で
アレンジしましょう。
離乳食期は「とろみのもと」があると便利。

和光堂
「手作り応援　コンソメ」
アサヒグループ食品株式会社

国産の野菜とチキンを
煮込んでとったスープ。

**和光堂「手作り応援
とろみのもと」**
アサヒグループ食品株式会社

水溶き・加熱不要で使
えるのが便利！

**トマトペースト
ミニパック**
カゴメ

トマト6倍濃縮なので子
どもには薄めて使います。

**和光堂「手作り応援
ホワイトソース」**
アサヒグループ食品株式会社

お湯と混ぜるだけで簡
単に完成！

こどものためのカレールウ。
株式会社キャニオンスパイス

安心素材なのが嬉しい。

下ごしらえ不要！
ベビーフード

ベビー用のおかゆはもちろん、
大人用のおかゆをお湯で
のばして使ってもOK。
下ごしらえが大変な野菜は
ベビーフードに頼りたい！

**和光堂「手作り応援
おいしい米がゆ」**
アサヒグループ食品株式会社

国産米100%、　お湯
を注いで混ぜるだけ。

**和光堂「はじめての離乳食
裏ごしほうれんそう」**
アサヒグループ食品株式会社

国産野菜で1キューブが1さ
じ分なのがわかりやすい！

北海道産コーン
キユーピー　株式会社

なめらかに裏ごしされ
ていてそのまま使え
る！

ベビーに安全◎
便利食材

赤ちゃんの体に入るものだから、
普段使いの食材も厳選したい。
食材はできる限り
添加物や塩分が少ないものを
選びましょう。

**日食プレミアム
ピュアオートミール**
日本食品製造

栄養たっぷりで、調理
も簡単！

**「健美麺」食塩ゼロ
本うどん 3食**
シマダヤ

食塩ゼロで赤ちゃんの
体にやさしい！

**マ・マー
早ゆでスパゲティ FineFast**
1.6mm チャック付結束タイプ
株式会社日清製粉ウェルナ

3分のゆで時間で手早
い調理が可能。マカロ
ニもよく使います。

調理の基本

野菜スープ・だしを作る

離乳食の基本となる野菜スープと昆布だしを作りましょう。炊飯器を使うとほったらかし調理ができて時短に！ 野菜スープは離乳食初期から、昆布だしやかつおだしは離乳食中期から使えます。

基本の野菜スープ

炊飯器で炊く

1. 野菜を適当な大きさに切ったら、炊飯器に野菜とかぶるくらいの水を入れ、普通に炊く。
2. ざるやこし器などで野菜をこす。

※耐熱容器に切った野菜と水を入れ、ご飯を炊くときに一緒に入れて作ることもできます。同時調理できる耐熱容器は100円ショップなどで購入できます。

具は食べる！
だしをとったあとの野菜は離乳食に使えます。食べやすい大きさにしてから使います（→p.15）。野菜が甘くなりやわらかく煮込まれているので便利です。

基本の野菜スープ＋昆布やかつお

なべでゆでる

昆布だし

1. なべに水200㎖と昆布5㎝を入れて、30分ほど浸す。
2. 1に野菜を入れて弱火にかけ、昆布の表面に小さな泡が浮いてきたら、野菜、昆布を取り出す。

かつおだし

1. なべに水400㎖と野菜を入れて煮立たせる。
2. かつお節½カップをお茶パックに入れ、1に入れる。最後に野菜、かつお節を取り出す。

炊飯器で炊く

昆布だし **かつおだし**

基本の野菜スープと同様に、炊飯器を使うと簡単に昆布だし・かつおだしの野菜スープを作ることができます。お好みの野菜3種類ほど（キャベツ、玉ねぎ、にんじんなど）と水、昆布5㎝を炊飯器に入れ、そのまま炊飯しましょう。 かつお節½カップはお茶パックに入れて。

昆布だし

水につけるだけ

昆布だしなら水につけておくだけでOK。水200㎖に昆布4㎝を入れ、3時間以上浸しておきます。保存容器で作れば、ふたをしてそのまま冷蔵保存することもできます。

かつおだし

湯をそそぐ

基本のかつおだしも、なべを使わずに作れます。耐熱容器にかつお節2gを入れ、沸騰したお湯200㎖を注ぎます。そのまま10分ほどおき、かつお節をこしてから使います。

水をかけて電子レンジへ

かつお節ひとつまみと水大さじ2を耐熱容器に入れ、ふんわりとラップをかけて電子レンジ（600W）で1分30秒ほど加熱します。かつお節をこしてから使いましょう。

基本の下ごしらえ

離乳食期は、消化器官が未発達の赤ちゃんのために、食材は適切な下処理が必要です。
幼児になり、食べられるようになったら、大人と同じ処理でOKです。

皮をむく

皮は消化しづらいので、ピーマンやパプリカ、なす、みかんの薄皮なども含め、野菜や果物の皮は基本的にすべてむきましょう。

トマトの皮は電子レンジで加熱したり、沸騰した湯に短時間つけたりすると簡単にむけます。

葉先・花蕾だけ使う

ほうれん草などの青菜は、はじめのうちはやわらかい葉の部分だけを使います。離乳食後期からは茎の部分もやわらかくして刻めば使えます。

ブロッコリーの茎は固いので、離乳食初期は穂先のやわらかい部分（花蕾）だけを使用しましょう。小房に分けてから花蕾だけをそぎ切りします。

種・さや類のスジを取る

オクラやトマト、果物などの種も基本的にはすべて取り除きます。小さめのスプーンを使うと手早く取れます。

絹さややスナップえんどうなどのさや類のヘタとスジも取り除きましょう。スジは両側にありますので、手でゆっくりとひっぱって取ります。

アクを抜く

アクが多い野菜はえぐみを感じやすいので、アクを抜きます。なすやいも類、ごぼうなどは加熱する前に軽く水にさらします。

ほうれん草などの葉ものは沸騰した湯でゆでたあとに冷水にさらします。さっと洗う程度の短時間で大丈夫。その後、しっかりと水を切ります。

塩抜き・粘り取り

しらすやちりめんじゃこは塩分が多いので、塩抜きをしてから調理します。耐熱容器にしらすがかぶるくらいの水を入れ、ラップをして電子レンジで1分加熱しましょう。水気を切って使います。

納豆は粘りが苦手な赤ちゃんもいますが、熱湯をかけると簡単に粘りを取り除くことができます。

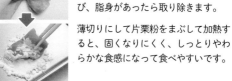

刺身がおすすめ
少量の魚を使う場合は、骨や皮が取り除いてある刺身を使うのが便利です。

肉・魚の下ごしらえ

肉は皮やスジを取り除きましょう。鶏ささみはスジの先端を引っぱりながら取ります。肉は脂身が少ないものを選び、脂身があったら取り除きます。

薄切りにして片栗粉をまぶして加熱すると、固くなりにくく、しっとりやわらかな食感になって食べやすいです。

魚は骨と皮を取り除きましょう。切り身の場合は、加熱すると骨や皮を取り除きやすくなります。小さな骨もしっかりと取ります。

食べやすい大きさに薄切りにして、片栗粉をまぶしつけてから加熱するとパサつきを防いでやわらかくなります。

加熱する

離乳食や幼児食は大人の食事よりも
やわらかくするのが基本です。
「固くて食べられない！」を防ぐよう、加熱はしっかりと。

なべでゆでる

5mm程度に切ってからたっぷりの水を加え、ゆでます。短時間でやわらかくすることができます。

うどんやスパゲティなどのめん類はパッケージに表示してある時間の2～3倍の時間ゆでます。ゆであがったら火を止めて蒸らすとさらにやわらかく。

炊飯器で炊く

少量の野菜に火を通したいときは、切った野菜と水を耐熱容器に入れ、ご飯を炊くときに炊飯器で一緒に炊くと便利。野菜が甘く、やわらかくなります。

電子レンジにかける

ほうれん草は水に浸して加熱後、さらに水に浸してアク抜きをします。葉だけを使います。

かぼちゃはラップをして加熱し皮を取り除きます。皮をむいてから加熱してもOK。

魚や肉はパサつきやすいので、電子レンジで加熱後、ゆで汁ごとなめらかにすりつぶしましょう。適度に水分を足せば食べやすくなります。

りんごやバナナは空気に触れると色が変わるので、素早く加熱処理をします。加熱後はフリージングも可能。慣れてきたらそのまま食べられます。

電子レンジの決まりごと

◈ 電子レンジの加熱時間は600Wを基準にしています。500Wを使用する場合は加熱時間を1.2倍に、700Wを使用する場合は加熱時間を0.8倍にしてください。

◈ 機種により加熱の仕方が異なりますので、初めはレシピより短い時間で加熱をし、様子を見ながら加熱時間を調節して全体に火を通しましょう。

◈ 特に記載がない限り、耐熱容器に食材を入れ、ふわりとラップをかけて加熱します。

◈ 水やスープを足して加熱する場合、量は目安です。仕上がりの水分が少ない場合は水分を足して再度加熱をしましょう。

調理する

赤ちゃんは飲み込む力や消化吸収が大人と比べて未熟です。
調理の工夫が必要になるので、
しっかりとポイントをおさえておきましょう。

裏ごし

食材をやわらかくゆでたあと、熱いうちに裏ごし器にのせ、スプーンやしゃもじなどでつぶしてなめらかな状態にします。繊維は赤ちゃんの口に残りやすいので丁寧に裏ごししましょう。小さめのザルや茶こしを使ってもOK。

すりつぶす

食材をやわらかくゆでたあとにすり鉢に入れ、すりこぎで繊維を押しつぶしながら円を描いて混ぜ、つぶしていきます。白身魚など、パサつきやすく水分量が足りない食材は、お湯やだし汁などを加えてのばしましょう。

すりおろす

野菜は固ゆでしてから、果物は皮をむいて切ってからそのまますりおろします。すりおろしてから火を通すと野菜の食感が残るので、火を通してからすりおろします。冷凍したパンや市販の冷凍野菜、乾物をすりおろす際にも。

つぶす・ほぐす

かぼちゃなどのゆで野菜やバナナ、豆腐などはフォークの背を押しつけてつぶします。食べやすいよう、粗さを調整し、固い場合は水分でのばします。魚や肉もそぎ切りにして加熱したあとでフォークを使うと簡単にほぐれます。

刻む

赤ちゃんの口の発達に合わせて、最初は2〜3mmのみじん切りから始め、少しずつ大きさを変えていきます。ほうれん草などの繊維がある葉ものは、縦に刻んだあと、90度回転させて横にも刻むと、繊維が断ち切られます。

のばす

離乳食初期は、水分の少ない野菜やたんぱく質などは食べづらい場合があります。野菜のゆで汁やだし汁、お湯などを加えてとろとろの状態になるように調整します。固さがおさえられ、飲み込みやすくなります。

とろみづけ

食材にとろみをつけたい場合は、電子レンジを使うと簡単です。耐熱容器に食材と水を各大さじ1、片栗粉をひとつまみ入れます。よく混ぜたらラップをして600Wで20秒加熱します。加熱が終わったらさらに混ぜましょう。
市販の「とろみのもと」を使っても（→p.11）。

ブレンダーで一気に！

おかゆや野菜、魚などを短時間でペースト状にすりつぶしたいときは、ハンドブレンダーがあると便利。耐熱容器や鍋の中に直接入れて使えるので、洗い物も少なくて済みます。

フリージングのテクニック＆ルール

① 新鮮なうちに調理する

食材が新鮮なうちに調理しましょう。古くなってしまうと風味や栄養価が下がってしまいます。葉もの野菜や肉、魚など鮮度が重要な食材は、買ってきてからあまり時間をおかずに調理するようにしてください。

② 1回分ずつ小分けにする

食材を無駄にしないよう、1回で食べられる量に小分けにしてから冷凍しましょう。スープやだし汁なども1食分などに分けて保存すると便利です。成長に合わせて、保存容器の大きさは変えていきましょう。

③ 1〜2週間分だけ作る

冷凍庫の中でも、食材は少しずつ劣化します。冷凍保存した食材は14日以内に使い切るようにしましょう。

内容と調理日を忘れてしまわないように、袋に記入したり、シールに書いて保存容器に貼っておきましょう。

小分け便利グッズ

調理した離乳食・幼児食を1食分ずつ分けて、冷凍するために必要です。

おかずカップ

汁気の多いおかずや少量のおかずの保存に適しています。シリコンタイプの耐熱・耐冷性のものであれば、冷凍庫から出してそのまま電子レンジで温められます。カップごとふた付きの密閉容器などに入れて冷凍保存しましょう。

小分け容器

汁気の多いおかずはもちろん、ご飯や野菜、肉や魚などにも適しています。100〜300mlなどの小さめの容量に1食分ずつ保存すると便利。耐熱・耐冷性の容器を選べば、そのまま電子レンジ加熱ができます。

フリージングトレー

おかゆや野菜、肉や魚のほか、スープやだしなども1回分ずつ保存できます。とくに離乳食初期にペースト状のものを少量保存する際に使えます。ふたつきのトレーを選ぶと衛生的。凍ったらトレーからはずして、フリーザーバッグでまとめて保存してもOKです。

ラップ

ご飯やめん類などはもちろん、汁気の少ないものであれば何でも包めます。乾燥やにおい移りを防ぐために、なるべく空気を抜きながらぴっちりと包むようにしましょう。特に、断面や形のあるおかずはラップで包むことで乾燥を防ぐことができます。

フリーザーバッグ

耐熱・耐冷性のものを選びましょう。ダブルジッパータイプは密閉性が高いので、乾燥やにおい移りを防いでくれます。ペースト状のものは平らに入れて、箸などで薄く線をつけてから冷凍すると、使うときに必要な分だけを折って取り出せます。

フリージングの基本

赤ちゃん、子どもが安全に
食べられるように、冷凍の際には
以下の点に気をつけましょう。

加熱調理後、小分けにする

一回分
ずつ

衛生面を考慮し、食材は煮たり、
ゆでたり、焼いたりなどの加熱
調理をしてから冷凍するように
しましょう。パンなど、加熱し
なくても冷凍OKの食材も一部
あります。

保存容器はきれいに洗って水けをふき、しっ
かりと乾燥させておきます。小分けにす
る際は清潔なスプーンを使います。赤ちゃ
んに使うフリーザーバッグは使い回しはせ
ず、1回ずつ新しいものを使用しましょう。

さまして冷凍する

熱いままだと、冷凍庫内の温度が上が
ってほかの食材の保存状態が悪くなっ
たり、冷凍するまでに時間がかかり、
食感や風味が損なわれます。保冷剤な
どでさましてから、アルミトレイの上
にのせて冷凍するといいですよ。

解凍の基本

冷凍した食事に雑菌が
混じらないように、
しっかり加熱をしてさまします。

凍ったまましっかり加熱

ふんわり
ラップ

電子レンジで解凍する際は、ふんわり
とラップをかけます。空気が少し通る
ようにしておくことで爆発を防ぎ、均
一に温まるようにしてくれます。ふた
つきの容器の場合は、ふたを少しずら
してのせましょう。

ときどき混ぜて、再加熱する

解凍ムラができて冷たいままの部分が
残るのを防ぐために、初めは短めの時
間で加熱します。一度全体を混ぜてム
ラをなくしてから、熱々になるまで再
度加熱します。食材の量が多い場合に
は、何度か繰り返しましょう。

人肌までさます

食中毒予防の観点から、アツアツにな
るまで加熱することが大切。食べると
きは人肌までさめているか確認します。
保冷剤を敷くと、短時間で温度が下が
ります。

知っておきたい！食物アレルギー

離乳食を始めるとなると、
気になるのがアレルギーのこと。
正しく知って、正しく対処しましょう。

赤ちゃんの食物アレルギーってどんなもの？

食物アレルギーは、食べた食品に含まれる特定の物質が原因で、皮膚炎や鼻水、咳、嘔吐、呼吸困難など、さまざまな症状が出ることをいいます。乳幼児期の食物アレルギーの原因は鶏卵、牛乳、小麦が多くそのほとんどが小学校入学までに治るケースが多いとされています。
離乳食のスタートを遅らせても予防の効果はないので、赤ちゃんの成長のためには、適切な時期に離乳食を開始するのがベスト。

もし、アレルギーの症状が出たら？

食物アレルギーと疑われる症状が出たり、赤ちゃんの様子に異変を感じたら、自己判断せずにすぐに小児科を受診しましょう。問診や血液検査などで原因を特定し、どの程度除くのか、代わりにどんな食品で栄養を補うのかなど、医師や栄養士と相談しながら対処法を決めましょう。
心配な方は、離乳食をスタートする前にアレルギー専門医を受診し、事前に検査をして進め方を相談してもいいですね。
炎症のある皮膚から入る食物もアレルギーの原因となることがあるので、赤ちゃんのスキンケアはしっかり行い、皮膚を健康な状態に保ちましょう。

原因特定のために、
初めての食材は1日1種類が鉄則。
病院が空いている時間に
少量ずつ試しましょう

主な原因食物

❶ 卵

アレルギーがもっとも多いのは鶏卵。いくらやたらこなどの魚卵にも気をつけましょう。

❷ 牛乳

育児用ミルクにもアレルギーを起こすことも。必要に応じてアレルギー用ミルクを。

❸ 小麦

うどんやスパゲッティ、パン、しょうゆ、みそなど、さまざまなものに入っています。

その他、気をつけたい食物

落花生（ピーナッツ）、そば、大豆、甲殻類（えび・かに）　魚卵、くだもの・野菜、魚類、　ゼラチン、ごま、ナッツ類（アーモンド、カシューナッツ、くるみ）　など

こんな症状に注意！

目の充血、まぶたのむくみ

くちびる・口の中の腫れ

のどの腫れ、せき、呼吸困難

嘔吐、下痢、血便

じんましん、湿疹、皮膚の腫れ

くしゃみ、鼻水など

Part1

離乳食

この時期は「好き嫌いなく食べる」
「月齢の目安通りに食べさせる」ことよりも
赤ちゃんに「たべるのってたのし〜！」と
食事の時間を好きになってもらえたら、
それだけで100点満点◎。
ママ・パパたちの手間を
できるだけ減らせるように、
赤ちゃんが多くの食材を経験できるように、
月齢ごとにベストな献立＆レシピを
組み立てました！

5 〜 6か月　初期

7 〜 8か月　中期

初めての食材は小さじ1からスタート。
1週間ごとに食材を
フリージングストックしておき、
献立をマネしてあげるだけでOKです！

9 〜 11か月　後期

量も増えてくるのでグンと
"食事"らしくなります。
赤ちゃんの好みに合わせて
献立を立てます。
主食、主菜、副菜・スープのレシピを
バランスよく組み合わせましょう。

◆ 献立はあくまでもサンプルです。赤ちゃんの成長に合わせて、無理なく進めましょう。
◆ 初期〜中期は病院の開いていない土日に初めての食材を与えることのないよう、月曜日からスタートする想定
　 で献立を組んでいますが、あくまでも目安です。ご家庭の状況によって、必要に応じて調整してください。
◆ 食物アレルギーの診断を受けている、または疑いのある場合や赤ちゃんの体調に気になることがある場合は、
　 必ず医師と相談の上、進めてください。
◆ 赤ちゃんの様子に異変を感じたら、すぐに医師に連絡をし、診察を受けてください。
◆ 調理の際は衛生面に気をつけ、フリージングストックや冷凍した食事は必ず2週間以内に使い切りましょう。
　 2週間以内であっても、見た目は悪くなっていないか、においに異変がないかなど安全を確認してから食べさ
　 せてください。
◆ フリージングストックや、冷凍した食事を与える際は、必ずアツアツになるまで加熱し、さましてから食べさ
　 せてください。

5、6か月ごろ

赤ちゃんが離乳食を受け入れられる準備ができていたら、いざスタート。生後5か月を過ぎたら、早いうちに始めるとよいでしょう。

スタートの目安
いくつか当てはまったら準備OK！

- ☑ 首がすわっている
- ☑ ひとりで5秒以上座れる
- ☑ スプーンを口に入れても舌で押し出さない
- ☑ 大人の食べものに興味を示す
- ☑ よだれが増えてきた

タイムスケジュール例

- 5:00
- 6:00 ── 🍼 ミルクor授乳
- 7:00
- 8:00
- 9:00
- 10:00 ── 🍴🍼 離乳食 ▶ ミルクor授乳
- 11:00
- 12:00
- 13:00 ── 🍼 ミルク or授乳　　赤ちゃんのお昼寝に合わせて
- 14:00
- 15:00
- 16:00
- 17:00 ── 🍼 ミルクor授乳
- 18:00
- 19:00
- 20:00
- 21:00 ── 🍼 ミルク or授乳　　赤ちゃんの寝る時間に合わせて
- 22:00

▶ 食べさせ方

ひざの上で抱っこをして、赤ちゃんの下唇にスプーンをチョンと当てましょう。自然に口を開けたらスプーンを差し出し、口を閉じたら平行にすっと引き抜きます。離乳食用スプーンで少量ずつ口に運んであげましょう。慣れてきたら、背もたれのあるベビーチェアなどに座らせても。

▶ 味つけ

この時期の離乳食は、「母乳・ミルク以外の味を知る」ことと、「食材を口に入れて飲み込む練習をする」ことが主な目的です。
食べるのは10倍がゆと、水または野菜を煮たスープでのばしてなめらかにした野菜と少量のたんぱく質。味つけは必要ありません。

▶ 固さ

スプーンを傾けたら落ちるくらい、とろとろのポタージュ状にしましょう。すり鉢・すりこぎですりつぶすか、ブレンダーで一気になめらかにします。食べにくそうなときはとろみをつけたり、おかゆに混ぜるといいですね。

1食分の目安量

1回の食事でたんぱく質や野菜をそれぞれ一品ずつ食べた場合の目安量です。（2品食べる場合は半量にします。）

炭水化物

10倍がゆ
小さじ6まで

小さじ1から始めて、少しずつ増やしていきます。

たんぱく質

しらす
10gまで

ひとつまみで約1g、大さじ1で約5gです。

白身魚
10gまで

刺身ひと切れは約15〜20gです。

豆腐
25gまで

2cm角で約10gです。

ビタミン・ミネラル

ブロッコリー
20gまで

小さめ1房で約15g、花蕾部分だけ使います。

かぼちゃ
20gまで

2cm角で約10〜20gです。皮と種を除きます。

ほうれん草
20gまで

ほうれん草1本で約3〜8g、葉だけ使います。

にんじん
20gまで

2〜3cmの乱切り1個で約5gです。

トマト
20gまで

小さめのもの1/10個で約10gです。皮は除きます。

みきてい's voice

食べない食材があったとき、どうする？

　わが家の第2子・ひゅうは、始めまったく食べる素振りがありませんでした。ほうれん草や鯛などは、食感が苦手で「んー」と口を結んでまったく食べない！

　始めるのが早かったかなと悩みましたが、おかゆ、かぼちゃ、バナナなどとろみのあるものを少し混ぜてあげると、飲み込みやすくなったのか食べてくれるようになりました。食材そのものの味も知ってほしいけど、あとあと単独で食べられるようになることもあります。今はいろいろ試してみましょう。

　何をやっても食べなくて、「もうイヤだ！」とママ・パパの心が疲れちゃったときは、いったんお休みしても。気持ちが持ち直せば、また始めましょう。

のんびりで
大丈夫♪

主食の作り方

- 材料の重量はおおよそで、作りやすい分量で記しています。フリージングは2週間程度で食べ切り、余った分は大人が食べましょう。
- 電子レンジの加熱時間は600Wを基準にしています。500Wの場合は加熱時間を1.2倍にしましょう。お使いの機種の様子を見ながら、時間を加減してください。
- 一般的な基本の作り方を紹介しています。各週の作り方や分量とは異なる部分もありますが、どちらも間違いではありません。

10倍がゆ

材料

〈電子レンジ・なべ〉
10倍がゆ
ご飯…20g
水…100mℓ

〈炊飯器〉
10倍がゆ
米…25g
水…300mℓ

電子レンジ

量が少ないうちはオススメ

1

ラップをする
耐熱容器にご飯と水を入れて混ぜ、ふんわりとラップをかける。

2

加熱する
電子レンジ（600W）で3分加熱して10分蒸らす。

なべ

1

火にかける
小鍋にご飯と水を入れて強火にかけ、煮立ったらふたをして弱火で15〜20分ほど煮る。

2

蒸らす
ふっくらしたら火を止めて15分ほど蒸らす。

炊飯器

1-2

炊く
炊飯器に洗った米と水をセットし、おかゆモードで炊く。

水加減早見表（炊飯器）

	容量比(mℓ) 米：水	作りやすい量 米：水
10倍	1：10	25g：300mℓ
7倍	1：7	40g：350mℓ
5倍	1：5	85g：500mℓ
軟飯	1：2	170g：400mℓ

※機種によって水加減は前後することがあるので、調整してください。

ここからは同じ手順

3

すりつぶす
粗熱が取れたらすりつぶすか、ブレンダーでなめらかにする。

4
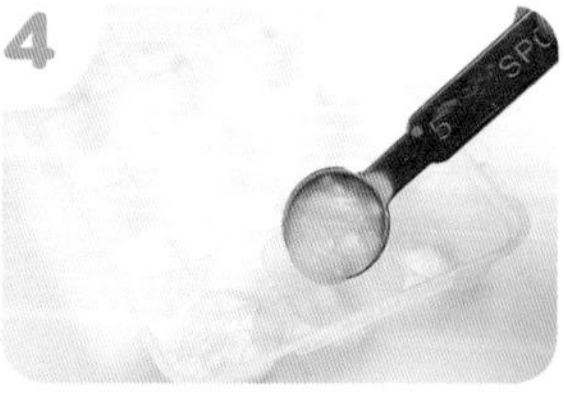

冷凍する
1食分ずつ小分けに冷凍する。

水加減早見表（電子レンジ）

	ご飯：水
10倍	10g：50mℓ
7倍	20g：60mℓ
5倍	30g：60mℓ
軟飯	45g：45mℓ

※1〜3分加熱、10分蒸らしてつぶします。機種によって水加減や加熱時間は調整してください。

うどんがゆ／そうめんがゆ

`なべ` `電子レンジ`

材料

〈そうめん〉　　〈うどん〉
そうめん…8g　ゆでうどん…15g
水…適量　　　水…適量

1

めんを細かくする

うどんは細かく切り、そうめん
は乾燥した状態で小さく折る。

2

ゆでる・レンジで加熱

`なべ`

めんがたっぷり浸かるくらいに
水を張り、表示されている時間
より長めにゆでる。

`電子レンジ`

しっかりひたるくらいの水と電
子レンジ（600W）で4分加熱
する。

3

ゆで汁を捨て、
水小さじ2を
足すと◎！

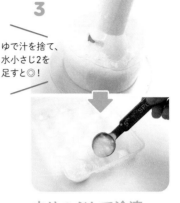

すりつぶして冷凍

ブレンダーまたはすりばちでな
めらかにする。小さじ1ずつ小
分けにして冷凍する。

`memo`

塩分不使用のものがベスト。
原材料に塩がある場合は、
加熱後に水でよく洗ってね

パンがゆ／オートミールがゆ

`電子レンジ`

材料

〈パンがゆ〉
食パン（6枚切り）…¼枚（10g）
水…大さじ3
〈オートミールがゆ〉
オートミール…小さじ2
水…大さじ2

1

小さくして水を入れる

耐熱容器に小さくした食パン、
またはオートミールを入れて水
を入れる。

2

レンジで加熱する

電子レンジ（600W）で1分加
熱する。固ければ様子を見て
10秒ずつ追加で加熱する。

3

水大さじ1を
加えてから
つぶすと◎！

すりつぶして冷凍

ブレンダーまたはすりばちでな
めらかにする。小さじ1ずつ小
分けにして冷凍する。

23

食材リスト

初期の食材にチャレンジ！ すべて加熱し、なめらかな状態にするのが基本です。

炭水化物

【米】

□ 白米
10倍がゆから始め、慣れてきたら水分量を減らして、米粒が少し残る状態に。

□ 食パン
米がゆに慣れたあとにスタート。油脂の多い耳を除いてかゆ状にしましょう。後期からそのまま与えられます。

【シリアル】

□ オートミール
米がゆに慣れたあとに始めましょう。水を足してかゆ状にして与えます。

□ コーンフレーク無糖
米やパンがゆに慣れたあとに。はじめはかゆ状にして、次第に水分を含ませてしっとりさせたものを与えます。

【麺】

□ うどん
食塩不使用のゆでうどんを選びます。細かく刻んでやわらかくゆでましょう。

□ そうめん
短く折ってからゆでてしっかり洗って塩抜き後、なめらかに。

【芋】

□ じゃがいも
かゆに慣れてから始めましょう。切ると変色するので水にさらしてから調理を。

□ さつまいも
かゆに慣れたらスタート。切ると変色するので水にさらしてから調理しましょう。

ビタミン・ミネラル

【野菜】

□ にんじん
やわらかくゆでて、つぶします。すりおろししてから加熱しても。

□ かぼちゃ
やわらかくゆでてつぶします。皮、種、わたは取り除いて。

□ 大根
□ かぶ
かぶは繊維があるので裏ごしをしましょう。葉先が食べられるのはどちらも中期から。

□ トマト
皮、種を取り除き、初めてのときは加熱をしてから与えます。濃縮トマトペースト（添加物不使用）を水で薄めて与えても。

□ ブロッコリー
緑の花蕾部分を使います。茎部分を使うのは後期から。ゆでてなめらかにします。

□ ほうれん草
緑の葉の部分を使います。ゆでてから水にさらしてアクを抜き、なめらかにします。

□ 小松菜
緑の葉の部分を使います。ゆでて水気を切り、なめらかにします。

□ チンゲン菜
緑のやわらかい葉の部分を使います。芯を使うのは後期から。

□ モロヘイヤ
葉の部分を使います。ゆでてから水にさらしてアク抜きし、なめらかに。

□ キャベツ
中心のやわらかい葉の部分を使います。ゆでて水気を切り、なめらかに。

□ レタス
繊維が多いので、ほかの野菜に慣れてから始めましょう。

□ 白菜
やわらかい葉の部分を使います。芯を使うのは後期から。

□ きゅうり
皮をむき、すりおろして加熱します。中期からはゆでてから刻みます。

□ とうもろこし
初期はゆでた実の薄皮をむいてなめらかに。中期からは食塩・砂糖不使用の缶詰も刻めば使用できます。

□ 玉ねぎ
ゆでて刻んでなめらかにします。甘みがあるので使いやすい食材です。

【果物】

□ バナナ
空気に触れると変色するので、食べる直前に皮をむきます。

□ りんご
加熱してすりおろします。

□ いちご
裏ごしして種を除きます。

□ みかん
薄皮、すじを取り除きます。1歳以降は薄皮付きで半分に切ってから与えられます。

□ もも
空気に触れると変色するので、食べる直前にむいて切ります。

□ スイカ・メロン
種を取り除いて、初期はすりつぶします。中期以降は刻みます。

たんぱく質

【大豆製品】

□ 豆腐
消化がよいので、初めてのたんぱく質食材としておすすめです。

□ 高野豆腐
すりおろして、たっぷりの水やだしで煮ます。後期からは煮たものをみじん切りにしても。

□ きな粉
少量かける程度から。後期からはおにぎりやパンなどにまぶしても。

□ 水煮大豆
やわらかくゆでて薄皮をむき、なめらかにします。後期になったら小さく刻みます。

□ 豆乳
加熱して牛乳の代わ

りに使用できますが、消化しにくいので少量から。

□ 焼き麩
乾燥のまますりおろすか、水で戻して刻み、やわらかくゆでます。

【鶏卵】

□ 卵
豆腐や魚に慣れたあと、ゆでた卵黄のみをごく少量から始めます。最初は、赤ちゃんに変化がないか、よく観察しましょう。

【魚介類】

□ しらす
湯をかけて塩抜きし、初期は細かくすりつぶします。

□ 鯛
初めての魚食材におすすめです。皮、骨がない刺身が便利。

□ かれい・ひらめ
白身魚として初期から使えます。食べづらいときは湯でのばして与えて。

□ たら
「塩だら」ではなく「生だら」を使います。皮と骨は取り除きます。

【乳製品】

□ ヨーグルト
必ず無糖のものを。酸味が苦手な子にはバナナなどを混ぜて。

□ 牛乳
加熱をすれば、初期の終わりごろから少量使用できます。そのまま飲めるのは1歳になってから。

体調不良のときの進め方

赤ちゃんの体調がよくないときは、離乳食は無理せずにお休みし、赤ちゃんのペースで過ごしてください。回復したら、できるだけ早く再開しましょう。再開してすぐはおかゆや豆腐など、消化によいものをなめらかな状態にしてあげます。

離乳食が中期以降に進んでいる場合は、消化によいものを徐々に形を大きくしたり、水分を減らして与えます。様子を見ながら、少しずつお休みにする前の状態まで戻していきましょう。

離乳食が遅れていると思ったら

赤ちゃんが慣れるまでに時間がかかったり、体調不良や予定が重なったり、月齢の目安通りに進まないこともありますよね。

食べられる食材の種類が少なくても、赤ちゃんに食べる意欲があり、今現在の1回食、または2回食がある程度食べられていれば、形状や回数をステップアップしても大丈夫です。

初期は授乳中心で、離乳食は初めての食材に慣れることが目的なので、食べられなくても焦る必要はありません。

赤ちゃんの様子を見ながら少しずつ、負担なく食べられるように気をつけましょう。

生後6か月から始めたときは？

タイミングが合わなかったり、赤ちゃんがその気にならなかったりで、生後6か月から離乳食をスタートする方も少なくないと思います。

では、6か月からスタートした場合、このまま1か月ずれたままでいいのかというと、そうではありません。赤ちゃんが順調に食べているのなら、『初めての食材は少量から』という原則は守りつつ、2週目に『10倍がゆ小さじ3〜5』、3週目に『10倍がゆ小さじ4〜6』などと増やし、少しずつ短縮し、進めてもOK。もちろん、赤ちゃんの食べ方に合わせて、本書の献立通りに進めても大丈夫です。

一番大切なのは、月齢や目安に合わせることではなく、目の前の赤ちゃんに合わせることです。食べ具合を見ながら無理なく進めましょう。

レンジ加熱のお約束

・食材は耐熱容器に入れ、ふわりとラップをしてから電子レンジ（600W）でやわらかくなるまで加熱してください。
・小さじ1のフリージングストック1個につき、10倍がゆは20秒を目安に、電子レンジでアツアツになるまで加熱します。
・足りない場合は、様子を見ながら10秒ずつ追加で加熱します。

つくりおき　※米とぎ後の作り方を紹介しています。

今週の食材　米

作るもの　☑ **10倍がゆ**（小さじ1×15）

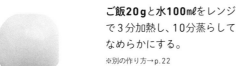

ご飯20gと水100mlをレンジで3分加熱し、10分蒸らしてなめらかにする。
※別の作り方→p.22

小さじ1ずつ冷凍する。

1日目㊊／2日目㊋

**10倍がゆ
小さじ1**

フリージング
10倍がゆ…1個

3日目㊌／4日目㊍

**10倍がゆ
小さじ2**

フリージング
10倍がゆ…2個

5日目㊎／6日目㊏／7日目㊐

**10倍がゆ
小さじ3**

フリージング
10倍がゆ
…3個

column

初めて食材は1日1つ平日にチャレンジ

食物アレルギーの症状が出たときに、原因を特定し、すぐ受診できるように、初めての食材は1日1つまでにし、病院が開いている時間帯、平日のできれば午前中に試すのがベストです。

この献立カレンダーでは、初めての食材は月曜から金曜までに登場するようにして1週間を組み立てています。土曜、日曜は慣れた食材をあげて、親子ともにゆったりと過ごしてくださいね。

初期 1回食
2週目

レンジ加熱のお約束

・食材は耐熱容器に入れ、ふわりとラップをしてから電子レンジ（600W）でやわらかくなるまで加熱し、一度軽く水気を切ります。
・フリージングストック1個につき、10倍がゆは30秒、それ以外は10秒を目安に電子レンジでアツアツになるまで加熱します。
・足りない場合は、様子を見ながら10秒ずつ追加で加熱します。

つくりおき

今週の食材 　米、にんじん、ブロッコリー、かぼちゃ

作るもの 　**10倍がゆは小さじ4ずつ、その他は小さじ1ずつ冷凍する**

 ☑ **10倍がゆ**（小さじ4×7）
ご飯30gと水150mℓをレンジで3分30秒加熱し、10分蒸らしてなめらかにする。
※別の作り方→p.22

 ☑ **かぼちゃ**（小さじ1×3）
かぼちゃ20gを水にくぐらせてからレンジで1分加熱し、**水大さじ1**を加えてなめらかにする。

 ☑ **にんじん**（小さじ1×2）
1〜2mm厚さにスライスしたにんじん15gをかぶるくらいの水とレンジで4分加熱して取り出し、**水小さじ2**を加えてなめらかにする。

 ☑ **ブロッコリー**（小さじ1×2）
ブロッコリーの穂先10gと水大さじ2をレンジで1分加熱し、汁ごとなめらかにする。

※食材の下ごしらえ（洗う、皮をむく、ワタ・種などを取り除く）は済んだものを使用した分量、作り方を紹介しています。

1日目 月 ／ 2日目 火

10倍がゆ
小さじ4

にんじん
小さじ1

フリージング

 10倍がゆ…1個

にんじん…1個

---

fromみきてぃ 　おかゆ以外で水と一緒に加熱した食材は水から取り出して新しい水を足してね。汁ごとと書かれている場合は取り出さなくてOK。

※献立はあくまでサンプルです。赤ちゃんの成長や発達に合わせて無理なく進めましょう。

※食物アレルギーの診断を受けている、または疑いのある場合は必ず医師と相談の上進めてください。

※赤ちゃんの様子に異変を感じたら、すぐに医師の診察を受けてください。

3日目水／4日目木

10倍がゆ
小さじ4

ブロッコリー
小さじ1

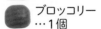

フリージング

10倍がゆ…1個

ブロッコリー…1個

5日目金／6日目土／7日目日

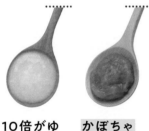

10倍がゆ
小さじ4

かぼちゃ
小さじ1

フリージング

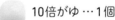10倍がゆ…1個

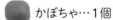かぼちゃ…1個

column

ブレンダーを使うときのコツ

　離乳食の初期は、ポタージュ状からヨーグルト状の固さにしなければならないので、なめらかに裏ごししたり、つぶしたりと手間がかかります。そんなときにとっても役立つのがミキサーやブレンダー！　離乳食の必需品と言いたいくらい。後期以降はポタージュ作りに使えます。

　中期、後期ではみじん切りをすることになるので、フードプロセッサーも強くオススメします。

　ただ、離乳食初期は容量が少ないので、ブレンダーの刃が回らず使えないことも。多めに作って残りは大人の食事で使うなど、工夫してみてください。

レンジ加熱のお約束

・食材は耐熱容器に入れ、ふわりとラップをしてから電子レンジ（600W）でやわらかくなるまで加熱し、一度軽く水気を切ります。
・フリージングストック1個につき、10倍がゆは30秒、それ以外は10秒を目安に電子レンジでアツアツになるまで加熱します。
・足りない場合は、様子を見ながら10秒ずつ追加で加熱します。

つくりおき

今週の食材　米、にんじん、かぼちゃ、ほうれん草、トマト、豆腐（絹ごし）、鯛、しらす

作るもの　10倍がゆは小さじ5ずつ、その他は小さじ1ずつ冷凍する
★豆腐は冷凍せず、食べるときに準備する

☑ **10倍がゆ**（小さじ5×7）
米20gと水240mℓを炊飯器に入れておかゆモードで炊き、なめらかにする。
※別の作り方→p.22

☑ **にんじん**（小さじ1×5）
☑ **かぼちゃ**（小さじ1×3）

1 おかゆを炊く炊飯器で米の上に耐熱容器をのせ、**にんじん30g**、**かぼちゃ20g**、容器の半分まで水を入れて炊き、野菜を取り出す（→p.12）。
2 にんじんは**水小さじ2**、かぼちゃは**水小さじ1**を加え、なめらかにする。
※加える水は炊いたスープでも。

☑ **ほうれん草**（小さじ1×3）
ほうれん草の葉15gを水にくぐらせてレンジで1分30秒加熱し、2分ほど水にさらしてアク抜きする。**水小さじ2**を加え、なめらかにする。

☑ トマト（小さじ1×3）
トマト30gをレンジで1分加熱し、なめらかにする（皮と種は加熱後に取り除いても）。
※市販のトマトペースト2gと水20mℓをレンチン20秒でも作れます。食べる前にとろみのもとを加えて（→p.11参照）。

☑ 鯛（小さじ1×2）

1 鯛の刺身10gをひたひたの水とレンジで1分加熱し、一度水を捨てる。
2 水大さじ1を加え、なめらかにする。

☑ しらす（小さじ1×3）

1 しらす15gをひたひたの水とレンジで1分加熱し、一度水を捨てる。
2 水小さじ2を加え、なめらかにする。

★**豆腐**（小さじ1×2）
食べるときにレンジ加熱し、なめらかにする。

※食材の下ごしらえ（洗う、皮をむく、ワタ・種・筋などを取り除く）は済んだものを使用した分量、作り方を紹介しています。

1日目 月

10倍がゆ
小さじ**5**

にんじん
小さじ**2**

豆腐
小さじ**1**

フリージング

 10倍がゆ … 1個

 にんじん … 2個

★ 豆腐 … 小さじ1

2日目 火

10倍がゆ
小さじ**5**

かぼちゃ
小さじ**1**

ほうれん草
小さじ**1**

豆腐
小さじ**1**

フリージング

 10倍がゆ … 1個

 かぼちゃ … 1個

 ほうれん草
… 1個

★ 豆腐 … 小さじ1

3日目 水

10倍がゆ
小さじ**5**

にんじん
小さじ**1**

ほうれん草
小さじ**1**

鯛
小さじ**1**

フリージング

 10倍がゆ … 1個

にんじん … 1個

ほうれん草
… 1個

鯛 … 1個

4日目 木

10倍がゆ
小さじ**5**

かぼちゃ
小さじ**1**

トマト
小さじ**1**

鯛
小さじ**1**

フリージング

 10倍がゆ … 1個

 かぼちゃ … 1個

 トマト … 1個

 鯛 … 1個

5日目 ㊎

10倍がゆ　にんじん　トマト　しらす
小さじ**5**　小さじ**1**　小さじ**1**　小さじ**1**

6日目 ㊏

10倍がゆ　かぼちゃ　ほうれん草　しらす
小さじ**5**　小さじ**1**　小さじ**1**　小さじ**1**

7日目 ㊐

10倍がゆ　にんじん　トマト　しらす
小さじ**5**　小さじ**1**　小さじ**1**　小さじ**1**

column

フリージングストックは2週間で食べ切る

　この本では、毎週1週間分のつくりおきができるようにしていますが、白身魚など頻繁に買うのが難しい食材は、2週間分をまとめてつくりおきしてもいいですね。フリージングストックが安全に食べられるのは、2週間まで。残った分は大人の食事で使いましょう。

※献立はあくまでサンプルです。赤ちゃんの成長や発達に合わせて無理なく進めましょう。

※食物アレルギーの診断を受けている、または疑いのある場合は必ず医師と相談の上進めてください。

※赤ちゃんの様子に異変を感じたら、すぐに医師の診察を受けてください。

レンジ加熱のお約束

・食材は耐熱容器に入れ、ふわりとラップをしてから電子レンジ（600W）でやわらかくなるまで加熱し、一度軽く水気を切ります。
・フリージングストック1個につき、10倍がゆは50秒、それ以外は10秒を目安に電子レンジでアツアツになるまで加熱します。
・足りない場合は、様子を見ながら10秒ずつ追加で加熱します。

つくりおき

今週の食材　米、にんじん、かぼちゃ、キャベツ、小松菜、バナナ、りんご、豆腐（絹ごし）、鯛、しらす

作るもの　**10倍がゆは小さじ6ずつ、その他は小さじ1ずつ冷凍する**
★ **豆腐、バナナは冷凍せず、食べるときに準備する**

☑ **10倍がゆ（小さじ6×7）**

米**25g**と水**300㎖**を炊飯器に入れておかゆモードで炊き、なめらかにする。
※別の作り方→p.22

☑ **にんじん（小さじ1×4）**
☑ **かぼちゃ（小さじ1×5）**

1 おかゆを炊く炊飯器で米の上に耐熱容器をのせ、**にんじん25g**、**かぼちゃ30g**、容器の半分まで水を入れて炊き、野菜を取り出す（→p.12）。
2 にんじんは**水小さじ2**、かぼちゃは**水小さじ1**を加え、なめらかにする。
※加える水は炊いたスープでも。

☑ **キャベツ（小さじ1×2）**

キャベツの中心のやわらかい部分**15g**をひたひたの水とレンジで4分加熱、一度水を捨てる。水小さじ2を加えてなめらかにする。

☑ **小松菜（小さじ1×3）**

小松菜の葉**15g**を水にくぐらせてレンジで1分30秒加熱し、**水小さじ2**を加えてなめらかにする。

☑ **りんご（小さじ1×3）**

りんご**20g**をすりおろし、レンジで30秒加熱する。

☑ **鯛（小さじ1×2）**
☑ **しらす（小さじ1×3）**

材料・作り方はp.29と同じ。

★ **豆腐（小さじ1×2）**
食べるときにレンジで加熱し、なめらかにする。
★ **バナナ（小さじ1×2）**
食べるときに小さじ1をレンジで10秒加熱し、なめらかにする。

※食材の下ごしらえ（洗う、皮をむく、ワタ・種・筋などを取り除く）は済んだものを使用した分量、作り方を紹介しています。

1日目 月

10倍がゆ
小さじ6

かぼちゃ
小さじ1

キャベツ
小さじ1

豆腐
小さじ1

フリージング

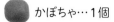
10倍がゆ … 1個

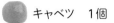
かぼちゃ … 1個

キャベツ　1個

★ 豆腐 … 小さじ1

2日目 火

10倍がゆ
小さじ6

小松菜
小さじ1

キャベツ
小さじ1

豆腐
小さじ1

フリージング

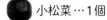
10倍がゆ … 1個

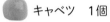
小松菜 … 1個

キャベツ　1個

★ 豆腐 … 小さじ1

3日目 水

10倍がゆ
小さじ6

小松菜
小さじ2

バナナ
小さじ1

鯛
小さじ1

フリージング

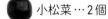
10倍がゆ … 1個

小松菜 … 2個

鯛 … 1個

★ バナナ … 小さじ1

4日目 木

10倍がゆ
小さじ6

にんじん
小さじ2

バナナ
小さじ1

鯛
小さじ1

フリージング

10倍がゆ … 1個

にんじん … 2個

鯛 … 1個

★ バナナ … 小さじ1

5日目 金

10倍がゆ
小さじ**6**

かぼちゃ
小さじ**2**

りんご
小さじ**1**

しらす
小さじ**1**

フリージング

- 10倍がゆ…1個
- かぼちゃ…2個
- りんご…1個
- しらす…1個

6日目 土

10倍がゆ
小さじ**6**

にんじん
小さじ**2**

りんご
小さじ**1**

しらす
小さじ**1**

フリージング

- 10倍がゆ…1個
- にんじん…2個
- りんご…1個
- しらす…1個

7日目 日

10倍がゆ
小さじ**6**

かぼちゃ
小さじ**2**

りんご
小さじ**1**

しらす
小さじ**1**

フリージング

- 10倍がゆ…1個
- かぼちゃ…2個
- りんご…1個
- しらす…1個

column

市販品やベビーフードも活用しよう

　離乳食作りに疲れてしまったら、市販の野菜ペーストやフレーク、ベビーフードなど便利な商品にどんどん頼ってしまいましょう。いざというとき、便利商品を活用するため、はじめて与える商品は余裕のあるタイミングに少し食べさせてみておくなどの準備をしておくと安心です。

※献立はあくまでサンプルです。赤ちゃんの成長や発達に合わせて無理なく進めましょう。

※食物アレルギーの診断を受けている、または疑いのある場合は必ず医師と相談の上進めてください。

※赤ちゃんの様子に異変を感じたら、すぐに医師の診察を受けてください。

レンジ加熱のお約束

・食材は耐熱容器に入れ、ふわりとラップをしてから電子レンジ（600W）でやわらかくなるまで加熱し、一度軽く水気を切ります。
・フリージングストック1個につき、10倍がゆは50秒、それ以外は10秒を目安に電子レンジでアツアツになるまで加熱します。
・足りない場合は、様子を見ながら10秒ずつ追加で加熱します。

つくりおき

今週の食材　米、じゃがいも、ブロッコリー、にんじん、かぼちゃ、大根、玉ねぎ、豆腐（絹ごし）、ひらめ、きな粉

作るもの　**10倍がゆは小さじ6ずつ、その他は小さじ1ずつ冷凍する**
★豆腐、きな粉は冷凍せず、食べるときに準備する

☑ **10倍がゆ**（小さじ6×7）
米25gと水300㎖を炊飯器のおかゆモードで炊き、なめらかにする。

☑ **にんじん**（小さじ1×6）
☑ **かぼちゃ**（小さじ1×3）
☑ **ブロッコリー**（小さじ1×4）

1　おかゆを炊く炊飯器で米の上に耐熱容器をのせ、**にんじん35g、かぼちゃ25g、ブロッコリーの穂先20g**、容器の半分まで水を入れて炊き、野菜を取り出す（→p.12）。
2　にんじんは**水大さじ1**、かぼちゃとブロッコリーは**水小さじ1**をそれぞれ加えてなめらかにする。
※加える水は炊いたスープでも。

☑ **ひらめ**（小さじ1×5）
ひらめの刺身15gに片栗粉小さじ¼をまぶして、**水大さじ2**とレンジで1分加熱し、汁ごとなめらかにする。

☑ **じゃがいも**（小さじ1×2）
1　1cm角に切り、水に5分さらしたじゃがいも15gをひたひたの水とレンジで4分加熱し、2分置き、水を捨てる。
2　**水大さじ2**を加えてなめらかにする。

☑ **大根**（小さじ1×2）
皮を厚くむいた大根20gをすりおろし、レンジで1分加熱する。

☑ **玉ねぎ**（小さじ1×3）
中心に近いやわらかい部分の**玉ねぎ25g**を0.5㎜厚さの薄切りにして、**水大さじ3**と電子レンジで4分加熱する。**水小さじ2**を加えてなめらかにする。

★ **豆腐**（小さじ2×4）
食べるときにレンジで加熱し、なめらかにする。
★ **きな粉**
食べるときに振りかける。

※食材の下ごしらえ（洗う、皮をむく、ワタ・種・筋などを取り除く）は済んだものを使用した分量、作り方を紹介しています。

1日目 月

10倍がゆ
小さじ6

じゃがいも
小さじ1

ブロッコリー
小さじ2

豆腐
小さじ2

フリージング

10倍がゆ … 1個

じゃがいも…
1個

ブロッコリー
… 2個

★ 豆腐 … 小さじ2

2日目 火

10倍がゆ
小さじ6

じゃがいも
小さじ1

にんじん
小さじ2

ひらめ
小さじ1

フリージング

10倍がゆ … 1個

じゃがいも…
1個

にんじん … 2個

ひらめ … 1個

3日目 水

10倍がゆ
小さじ6

かぼちゃ
小さじ1

大根
小さじ1

ひらめ
小さじ2

フリージング

10倍がゆ … 1個

かぼちゃ…1個

大根 … 1個

ひらめ … 2個

4日目 木

10倍がゆ
小さじ6

ブロッコリー
小さじ2

大根
小さじ1

豆腐
小さじ2

きな粉
小さじ½

フリージング

10倍がゆ … 1個

ブロッコリー
… 2個

大根 … 1個

★ 豆腐 … 小さじ2
★ きな粉 … 小さじ½

5日目（金）

10倍がゆ
小さじ**6**

にんじん
小さじ**2**

玉ねぎ
小さじ**1**

ひらめ
小さじ**2**

きな粉
小さじ**½**

フリージング
- 10倍がゆ … 1個
- にんじん … 2個
- 玉ねぎ … 1個
- ひらめ … 2個

★ きな粉 … 小さじ½

6日目（土）

10倍がゆ
小さじ**6**

かぼちゃ
小さじ**2**

玉ねぎ
小さじ**1**

豆腐
小さじ**2**

フリージング
- 10倍がゆ … 1個
- かぼちゃ … 2個
- 玉ねぎ … 1個

★ 豆腐 … 小さじ2

7日目（日）

10倍がゆ
小さじ**6**

にんじん
小さじ**2**

玉ねぎ
小さじ**1**

豆腐
小さじ**2**

フリージング
- 10倍がゆ … 1個
- にんじん … 2個
- 玉ねぎ … 1個

★ 豆腐 … 小さじ2

column

きな粉の与え方

　きな粉は大豆からできている良質なたんぱく質ですが、その名の通り粉末です。離乳食を始めたばかりの赤ちゃんが粉末だけをそのまま食べることはできません。

　おかゆや野菜のペーストに振りかけたりすると食べやすくなります。

※献立はあくまでサンプルです。赤ちゃんの成長や発達に合わせて無理なく進めましょう。

※食物アレルギーの診断を受けている、または疑いのある場合は必ず医師と相談の上進めてください。

※赤ちゃんの様子に異変を感じたら、すぐに医師の診察を受けてください。

つくりおき

今週の食材　米、さつまいも、トマト、玉ねぎ、チンゲン菜、にんじん、かぶ、豆腐（絹ごし）、ヨーグルト（無糖）、たら

作るもの　10倍がゆは<u>小さじ6ずつ</u>、その他は<u>小さじ1ずつ</u>冷凍する

⭐豆腐、ヨーグルトは冷凍せず、食べるときに準備する

☑️ **10倍がゆ**（小さじ6×7）
米25gと水300mℓを炊飯器のおかゆモードで炊き、なめらかにする。

☑️ **にんじん**（小さじ1×4）

☑️ **玉ねぎ**（小さじ1×4）
1 おかゆを炊く炊飯器で米の上に耐熱容器をのせ、**にんじん25g、玉ねぎ25g**、容器の半分まで水を入れて炊き、野菜を取り出す（→p.12）。
2 にんじんは**水小さじ2**を加えて、玉ねぎはそのままなめらかにする。
※加える水は炊いたスープでも。

☑️ **トマト**（小さじ1×6）
トマト60gをレンジで1分30秒加熱し、なめらかにする（皮と種は加熱後に取り除いても）。
※トマトペースト3g、水30mℓをレンチン20秒でも（食べる前にとろみをつける）。

☑️ **さつまいも**（小さじ1×2）
1 水に10分さらしてアク抜きした**さつまいも15g**を、ひたひたの水とレンジで4分加熱、2分置き、水を捨てる。
2 **水大さじ2**を加えてなめらかにする。

☑️ **チンゲン菜**（小さじ1×3）
チンゲン菜の葉15gを水にくぐらせてから、レンジで2分加熱し、**水大さじ1**を加えてなめらかにする。

☑️ **かぶ**（小さじ1×3）
皮を厚くむき、1cm角に切った**かぶ30g**をひたひたの水とレンジで3分加熱してかぶを取り出し、なめらかにする。

☑️ **たら**（小さじ1×3）
たらの切り身15gに片栗粉小さじ¼をまぶして、**水大さじ2**とレンジで1分加熱し、汁ごとなめらかにする。

⭐**豆腐**（小さじ2×3）
食べるときにレンジで加熱し、なめらかにする。
⭐**ヨーグルト**
食べるときにレンジで加熱する。

※食材の下ごしらえ（洗う、皮をむく、ワタ・種・筋などを取り除く）は済んだものを使用した分量、作り方を紹介しています。

1日目月

10倍がゆ
小さじ**6**

さつまいも
小さじ**1**

トマト
小さじ**2**

豆腐
小さじ**2**

フリージング

10倍がゆ … 1個

さつまいも … 1個

トマト … 2個

★ 豆腐 … 小さじ 2

2日目火

10倍がゆ
小さじ**6**

さつまいも
小さじ**1**

玉ねぎ
小さじ**2**

チンゲン菜
小さじ**1**

豆腐
小さじ**2**

フリージング

 10倍がゆ … 1個

 さつまいも … 1個

 玉ねぎ … 2個

チンゲン菜 … 1個

★ 豆腐 … 小さじ 2

3日目水

10倍がゆ
小さじ**6**

トマト
小さじ**2**

チンゲン菜
小さじ**1**

ヨーグルト
小さじ**1**

フリージング

10倍がゆ … 1個

トマト … 2個

チンゲン菜 … 1個

★ ヨーグルト … 小さじ 1

4日目木

10倍がゆ
小さじ**6**

にんじん
小さじ**2**

かぶ
小さじ**1**

ヨーグルト
小さじ**2**

フリージング

10倍がゆ … 1個

にんじん … 2個

かぶ … 1個

★ ヨーグルト … 小さじ 2

※献立はあくまでサンプルです。赤ちゃんの成長や発達に合わせて無理なく進めましょう。
※食物アレルギーの診断を受けている、または疑いのある場合は必ず医師と相談の上進めてください。
※赤ちゃんの様子に異変を感じたら、すぐに医師の診察を受けてください。

5日目㊎

| 10倍がゆ 小さじ6 | トマト 小さじ2 | かぶ 小さじ1 | たら 小さじ1 |

フリージング
- 10倍がゆ … 1個
- トマト … 2個
- かぶ … 1個
- たら … 1個

6日目㊏

| 10倍がゆ 小さじ6 | 玉ねぎ 小さじ2 | チンゲン菜 小さじ1 | たら 小さじ2 |

フリージング
- 10倍がゆ … 1個
- 玉ねぎ … 2個
- チンゲン菜 … 1個
- たら … 2個

7日目㊐

| 10倍がゆ 小さじ6 | にんじん 小さじ2 | かぶ 小さじ1 | 豆腐 小さじ2 |

フリージング
- 10倍がゆ … 1個
- にんじん … 2個
- かぶ … 1個

★豆腐 … 小さじ2

column

7週目ごろから、おかゆを7倍がゆにしてみても

初期の後半を過ぎ、離乳食に慣れてきたら、赤ちゃんの食べ具合に応じて、おかゆを7倍がゆにしてみましょう。中期になると、つぶつぶを残したり、みじん切りにしたりして食べさせるようになります。

初期のなめらかなペーストから、ある日突然食感が変わるとびっくりしてしまうかもしれません。

中期への準備として、まずは消化にいいおかゆから7倍がゆに変えてみる作戦です。もちろん、そのまま10倍がゆを継続してもOK。

7、8週目で紹介している10倍がゆを7倍がゆにしたい場合は、「米を30g、水を250mℓを炊飯器のおかゆモードで炊く」ようにすれば必要量が完成!

つくりおき

今週の食材　米、食パン、オートミール、かぼちゃ、白菜、ブロッコリー、にんじん、モロヘイヤ、みかん、鯛、豆腐（絹ごし）、ヨーグルト（無糖）

作るもの　10倍がゆは小さじ6ずつ、その他は小さじ1ずつ冷凍する
★豆腐、ヨーグルトは冷凍せず、食べるときに準備する

☑ **10倍がゆ**（小さじ6×7）
米25gと水300mℓを炊飯器のおかゆモードで炊き、なめらかにする。

☑ **にんじん**（小さじ1×6）

☑ **かぼちゃ**（小さじ1×9）
☑ **ブロッコリー**（小さじ1×6）

炊飯器で米の上に耐熱容器をのせ、にんじん35g、かぼちゃ45g、ブロッコリーの穂先30g、容器の半分まで水を入れて炊き、野菜を取り出す（→p.12）。それぞれ水大さじ1を加えてなめらかにする。
※加える水は炊いたスープでも。

☑ **白菜**（小さじ1×3）
白菜のやわらかい葉の部分20gと水大さじ2をレンジで2分加熱し、汁ごとなめらかにする。

☑ **みかん**（小さじ1×2）
薄皮までむいたみかん20gをレンジで1分加熱し、なめらかにする。

☑ **パンがゆ**（小さじ1×3）
耳を落とした6枚切りの食パン¼を細かくちぎり、水大さじ3とレンジで1分加熱し、汁ごとなめらかにする。

☑ **オートミールがゆ**（小さじ1×2）
オートミール小さじ2を水大さじ3とレンジで1分加熱し、汁ごとなめらかにする。

☑ **モロヘイヤ**（小さじ1×2）
モロヘイヤの葉10gを水にくぐらせてから、レンジで2分加熱し、2分ほど水にさらしてアク抜きをする。水小さじ2を加えてなめらかにする。

☑ **鯛**（小さじ1×6）
鯛の刺身30gに片栗粉小さじ½をまぶし、水大さじ3とともにレンジで1分加熱し、汁ごとなめらかにする。

★ **豆腐**（小さじ2×2）
食べるときにレンジで加熱し、なめらかにする。
★ **ヨーグルト**（小さじ2×2）
食べるときにレンジで加熱する。

※食材の下ごしらえ（洗う、皮をむく、ワタ・種・筋などを取り除く）は済んだものを使用した分量、作り方を紹介しています。

1日目(月)

10倍がゆ
小さじ**6**

かぼちゃ
小さじ**3**

白菜
小さじ**1**

鯛
小さじ**2**

フリージング

10倍がゆ … 1個

かぼちゃ … 3個

白菜 … 1個

鯛 … 2個

2日目(火)

10倍がゆ
小さじ**6**

パンがゆ
小さじ**1**

ブロッコリー
小さじ**3**

白菜
小さじ**1**

豆腐
小さじ**2**

フリージング

10倍がゆ … 1個

パンがゆ … 1個

ブロッコリー
… 3個

白菜 … 1個

★ 豆腐 … 小さじ2

3日目(水)

10倍がゆ
小さじ**6**

パンがゆ
小さじ**2**

にんじん
小さじ**3**

モロヘイヤ
小さじ**1**

ヨーグルト
小さじ**2**

フリージング

10倍がゆ … 1個

パンがゆ … 2個

にんじん … 3個

モロヘイヤ
… 1個

★ ヨーグルト … 小さじ2

4日目(木)

10倍がゆ
小さじ**6**

オートミールがゆ
小さじ**1**

かぼちゃ
小さじ**3**

モロヘイヤ
小さじ**1**

鯛
小さじ**2**

フリージング

10倍がゆ … 1個

オートミールがゆ
… 1個

かぼちゃ … 3個

モロヘイヤ
… 1個

鯛 … 2個

5日目（金）

10倍がゆ
小さじ**6**

オートミールがゆ
小さじ**1**

ブロッコリー
小さじ**3**

みかん
小さじ**1**

豆腐
小さじ**2**

フリージング

● 10倍がゆ … 1個

● オートミールがゆ
… 1個

● ブロッコリー
… 3個

● みかん … 1個

★ 豆腐 … 小さじ2

6日目（土）

10倍がゆ
小さじ**6**

にんじん
小さじ**3**

みかん
小さじ**1**

ヨーグルト
小さじ**2**

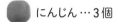
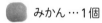
フリージング

● 10倍がゆ … 1個

● にんじん … 3個

● みかん … 1個

★ ヨーグルト … 小さじ2

7日目（日）

10倍がゆ
小さじ**6**

かぼちゃ
小さじ**3**

白菜
小さじ**1**

鯛
小さじ**2**

フリージング

● 10倍がゆ … 1個

● かぼちゃ … 3個

● 白菜 … 1個

● 鯛 … 2個

column

卵の与え方

アレルギーが心配される卵ですが、時期を遅らせてもリスクが下がるわけではないので、6か月ごろから始めましょう。

初期後半：卵黄½個まで（固ゆで卵の卵黄をすりつぶすか裏ごしします。初めは耳かき1さじ）

※穀物アレルギーの診断を受けている、または疑いのある場合は必ず医師と相談の上進め、異変を感じたら、すぐに病院を受診してください。

中期：卵黄1個〜全卵⅓個まで（卵黄を数日試して大丈夫なら、固ゆで卵や薄焼き卵のみじん切りに）

後期：全卵½個まで（固ゆで卵や薄焼き卵を食べやすい大きさに刻んで与えます）

幼児食：幼児食移行期には全卵⅔個まで、それ以降は全卵1個食べられるようになります。

つくりおき

今週の食材 米、うどん（ゆで）、トマト、小松菜、にんじん、きゅうり、レタス、りんご、しらす、卵、豆腐（絹ごし）、ヨーグルト（無糖）

作るもの 10倍がゆは小さじ6ずつ、その他は小さじ1ずつ冷凍する
★ 卵黄、豆腐、ヨーグルトは冷凍せず食べるときに準備する

 ☑ **10倍がゆ**（小さじ6×7）
米25gと水300mlを炊飯器のおかゆモードで炊き、なめらかにする。

 ☑ **にんじん**（小さじ1×6）
☑ **小松菜**（小さじ1×6）
おかゆを炊く炊飯器で米の上に耐熱容器をのせ、**にんじん35g**、**小松菜30g**、容器の半分まで水を入れて炊き、野菜を取り出す（→p.12）。それぞれ**水大さじ1**を加え、なめらかにする。
※加える水は炊いたスープでも。

 ☑ **レタス**（小さじ1×2）
レタスのやわらかい葉20gと水大さじ1をレンジで1分30秒加熱し、汁ごとなめらかにする。

 ☑ **きゅうり**（小さじ1×2）
皮を厚くむいたきゅうり15gをすりおろし、レンジで20秒加熱する。

 ☑ **うどんがゆ**（小さじ1×3）
ゆでうどん15gを細かく切り、ひたひたの水とレンジで4分加熱し、水を切る。**水小さじ2**を加えてなめらかにする。

 ☑ **トマト**（小さじ1×9）
トマト80gをレンジで1分30秒加熱し、みじん切りにする（皮と種は加熱後に取り除いても）。
※トマトペースト5g、水50mlをレンチン20秒でも（食べる前にとろみをつける）。

 ☑ **しらす**（小さじ1×6）
しらす25gをひたひたの水とレンジで1分30秒加熱し、一度水を捨てる。**水小さじ4**を加え、なめらかにする。

 ☑ **りんご**（小さじ1×3）
りんご20gをすりおろし、レンジで30秒加熱する。

★ **卵黄**
卵1個を沸騰した湯で20分ゆで、卵白と卵黄に分け、卵黄を茶こしやざるでこす。**水大さじ1**を加えてなめらかにする（→p.46）。

★ **豆腐**（小さじ2×2）
食べるときにレンジで加熱し、なめらかにする。

★ **ヨーグルト**（小さじ2×2）
食べるときにレンジで加熱する。

※食材の下ごしらえ（洗う、皮をむく、ワタ・種・筋などを取り除く）は済んだものを使用した分量、作り方を紹介しています。

1日目 ㊊

10倍がゆ
小さじ**6**

うどんがゆ
小さじ**1**

トマト
小さじ**3**

りんご
小さじ**1**

しらす
小さじ**2**

フリージング
- 10倍がゆ … 1個
- うどんがゆ … 1個
- トマト … 3個
- りんご … 1個
- しらす … 2個

2日目 ㊋

10倍がゆ
小さじ**6**

うどんがゆ
小さじ**2**

小松菜
小さじ**3**

きゅうり
小さじ**1**

豆腐
小さじ**2**

フリージング
- 10倍がゆ … 1個
- うどんがゆ … 2個
- 小松菜 … 3個
- きゅうり … 1個

★ 豆腐 … 小さじ2

3日目 ㊌

10倍がゆ
小さじ**6**

にんじん
小さじ**3**

きゅうり
小さじ**1**

ヨーグルト
小さじ**2**

卵黄
耳かき**1**さじほど

フリージング
- 10倍がゆ … 1個
- にんじん … 3個
- きゅうり … 1個

★ ヨーグルト … 小さじ2
★ 卵黄 … 耳かき1さじほど

4日目 ㊍

10倍がゆ
小さじ**6**

トマト
小さじ**3**

レタス
小さじ**1**

しらす
小さじ**2**

卵黄
小さじ**¼**

フリージング
- 10倍がゆ … 1個
- トマト … 3個
- レタス … 1個
- しらす … 2個

★ 卵黄 … 小さじ¼

5日目（金）

| 10倍がゆ
小さじ**6** | 小松菜
小さじ**3** | レタス
小さじ**1** | 豆腐
小さじ**2** | 卵黄
小さじ**½** |

フリージング
- 10倍がゆ…1個
- 小松菜…3個
- レタス…1個

★ 豆腐…小さじ2
★ 卵黄…小さじ½

6日目（土）

| 10倍がゆ
小さじ**6** | にんじん
小さじ**3** | りんご
小さじ**1** | ヨーグルト
小さじ**2** |

フリージング
- 10倍がゆ…6個
- にんじん…3個
- りんご…1個

★ ヨーグルト…小さじ2

7日目（日）

| 10倍がゆ
小さじ**6** | トマト
小さじ**3** | りんご
小さじ**1** | しらす
小さじ**2** |

フリージング
- 10倍がゆ…1個
- トマト…3個
- りんご…1個
- しらす…2個

---

column

卵黄のフリージング

　卵黄は、p44のペーストを小さじ1ずつ、フリージングストックとしてもいいですが、固くゆでた卵の卵黄を茶こしやざるでこしてミモザ状にして冷凍すると便利。食べるときは、必要分をお湯でのばしてペースト状に（念のため、ペーストにしてレンチンすると安心）。この方法なら、あまった卵黄を大人のサラダにかけて使うこともできます。

※心配な場合は、自分で判断せずに専門医に相談しながら進めてください。

※献立はあくまでサンプルです。赤ちゃんの成長や発達に合わせて無理なく進めましょう。

※食物アレルギーの診断を受けている、または疑いのある場合は必ず医師と相談の上進めてください。

※赤ちゃんの様子に異変を感じたら、すぐに医師の診察を受けてください。

離乳食のお悩み

Q&A
vol.01

離乳食に関連した私の疑問や、
過去にInstagramでいただいた疑問について、
監修の中村先生に聞いてみました！
コップ飲み、いつから始めるか悩むよね……。

Q

離乳食をほとんど食べてくれません。小柄だから心配です。

A

赤ちゃんの体格や食べる量には個人差があるので、その子なりに成長しているなら心配しなくても大丈夫。少しでも食べてくれるなら、好きな食材に緑黄色野菜やしらす、中期以降なら赤身の魚、納豆などの栄養価の高い食材を加え、少量でも栄養が摂れるようにするといいですね。

Q

食べすぎるのが悩みです。ほしがるだけあげてもいいですか？

A

離乳食のあとの母乳・ミルクがしっかり飲めているなら、かゆや野菜を少し多めにあげてもOK！たんぱく質はあまり増やさずに、食材を大きめにするなど、少しずつステップアップしてもいいですね。母乳・ミルクを飲まなかったり、次の食事に影響が出るようなら元の量に戻しましょう。

Q

後期になって少し味をつけるようになりました。濃すぎないか心配です。

A

9〜11か月ごろには一部の調味料が使えるようになりますが、しょうゆなら小さじ¼（2滴）ほど、塩は振りかける程度とごく少量です。1回の食事に、味つけをしたものと、していないものを組み合わせるといいですね。味つけをしなくても食べられるなら、そのままでもOKです。

Q

食材をすべてまる飲みしているようです。いい方法はありますか？

A

後期は歯ぐきでつぶして舌でまとめて飲みこむ練習をしたいので、中期以降もすべて飲んでいるようなら、離乳食の形状がやわらかすぎるか、小さすぎるのかも。豆腐の角切りは舌でつぶす練習にいいので、試してみてください。バナナなどで手づかみ食べの練習をするのも、まる飲み防止に。

Q

コップで飲む練習、いつからすればいいですか？

A

7〜8か月ごろから大人が手伝い、少しずつ小さめのコップや器からスープなどを飲む練習を始めましょう。最初は底を大人が支えて傾けてあげれば、やがて一人で両手で支えて持てるようになります。持ち手のついているベビーマグを使い、練習をしてもいいでしょう。

7、8か月ごろ

午前・午後と食事を2回するようになり、リズムがついてくるころです。初期よりも少し水分量を減らして、固形物に慣らしていきましょう。

スタートの目安 いくつか当てはまったら準備OK！

- ☑ ヨーグルトくらいの固さのものを食べられる
- ☑ スプーンを口に含み、食べ物を飲み込めている
- ☑ 食事のリズムがついてきた
- ☑ 食べる量が増えてきた

タイムスケジュール例

5:00

6:00 ●── ミルク

7:00

8:00

9:00

10:00 ●── 離乳食 ▶ ミルク

11:00

12:00

13:00 ●── ミルク　赤ちゃんのお昼寝に合わせて

14:00

15:00

16:00

17:00 ●── 離乳食 ▶ ミルク

18:00

19:00

20:00

21:00 ●── ミルク　赤ちゃんの寝る時間に合わせて

22:00

▶ 食べさせ方

支えなくても座れるようになったらベビーチェアを使いましょう。後半になると、離乳食やスプーンに自分から手を出すこともあります。後期の手づかみ食べに進むためのプロセスですので、できるだけ触らせてあげるようにしましょう。

▶ 味つけ

調味料は加えず、味つけには基本のだし汁や野菜スープを活用しましょう。いろいろな食材の食感や味を体験するのが大切な時期です。おかゆやうどんに肉・魚・野菜などを混ぜたり、風味づけになる食材をかけたりするなど、飽きないための工夫をしていきましょう。

▶ 固さ

初期よりも水分量を減らし、豆腐くらいの、赤ちゃんが舌でつぶせる固さが目安です。
中期の最初は、食材のつぶつぶ感が少し残る程度の大きさにし、慣れてきたら、2〜3mm程度の大きさのみじん切りにして食べさせましょう。

1食分の目安量

1回の食事でたんぱく質や野菜をそれぞれ一品ずつ食べた場合の目安量です。（2品食べる場合は半量にします）。

炭水化物

7倍がゆ
50 ～ 80 g

50gからスタートし、後半は80gまで増やします。

たんぱく質

肉・魚
10 ～ 15 g

鶏ささみ、魚の切り身どちらも⅛が目安です。

卵
卵黄1個 ～ 全卵⅓個

完全に火を通してみじん切りにして与えます。

豆腐
30 ～ 40 g

3～4cm角で約30～40gです。

ビタミン・ミネラル

ブロッコリー
20 ～ 30 g

中くらいから大きめの1房で約25～35gです。

かぼちゃ
20 ～ 30 g

3cm角で約20g、皮と種は除きます。

ほうれん草
20 ～ 30 g

5本つき1株で約30g、葉だけ使います。

にんじん
20 ～ 30 g

2～3cmの乱切り4個で約20gです。

トマト
20 ～ 30 g

⅛個で約20g、皮と種は除きます。

みきてぃ's voice

食材に飽きがきたときのアレンジ法は？

離乳食のスタートから2～3か月経ったころ、今までばくばく食べていた赤ちゃんが、急に食いつきが悪くなるときがあります。よく食べていた馴染みの食材にも口をつけない……そんなときは、ベビー用のコンソメやホワイトソース、調乳用ミルクで、たんぱく質や野菜を和えてみると、ほんのり味が変わって、再び食べるようになることがあります。

粉チーズや青のり、焼きのり、きな粉などをふりかけるだけでも、香りや風味の変化で食欲が増すことも！ ベビーフードには、赤ちゃんの体にやさしい調味料がたくさんあるので（→p.11）、おすすめの月齢をチェックして、ぜひ活用してみてください。

見た目と味を手軽にチェンジ！

主食の作り方

材料の重量はおおよそで、作りやすい分量で記しています。
◆ 一般的な基本の作り方を紹介しています。各週の作り方や分量
とは異なる部分もありますが、どちらも間違いではありません。

7倍がゆ

`なべ`

材料

ご飯 … 60 g
水 … 200㎖

米粒がこのくらい
残るように

1 小鍋にご飯と水を入れて火にかけ、煮立った
  ら弱火にしてふたをし、10〜20分加熱する。
2 ふっくらしたら火を止めてそのまま約20
  分蒸らす。
3 粗熱がとれたら、少しつぶが残る程度につ
  ぶす。

`炊飯器`

材料

米 … 43 g
水 … 350㎖

1 炊飯器に洗った米と水をセットし、おかゆ
  モードで炊く。

パンがゆ

`電子レンジ`

材料

食パン（6枚切り）
  … 1枚（耳除いて40 g）
水、または豆乳、調乳用ミルク … 150㎖

1 耐熱容器に細かくした食パンと水（豆乳、
  調乳用ミルク）を入れて電子レンジ（600
  W）で1分30秒加熱する。

2 少しつぶが残る程度につぶす。

うどんがゆ・
そうめんがゆ

`なべ`

材料

〈うどん〉   〈そうめん〉
ゆでうどん … 45 g   そうめん … 18 g
水 … 適量   水 … 適量

1 小鍋にめんと水を入れて長めにゆで、細
  かく切る。

2〜5㎜程度に
細かくしてね

スパゲッティ・
マカロニ

`なべ`

材料

スパゲッティ、またはマカロニ … 30 g
水 … 適量

1 小鍋に水を入れて強火にかけ、煮立った
  らスパゲッティ（マカロニ）を入れ、商
  品の表示の3倍の時間ゆでる。
2 ゆであがったら水で洗い、2〜5㎜くら
  いの大きさに刻む。

中期から食べられる！ **食材リスト**

中期の食材にチャレンジ！　基本的に食材はつぶを少し残してつぶすか、2～3㎜のみじん切りに。

炭水化物

【麺】

□ **マカロニ**
表示時間の3倍を目安にゆで、水を切って細かく刻みます。赤ちゃん用や早ゆでタイプを活用すると便利です。

□ **スパゲッティ**
表示時間の3倍を目安にゆで、水を切って細かく刻みます。赤ちゃん用や早ゆでタイプを活用すると便利です。

【芋】

□ **里いも**
ゆでてから粗くつぶします。アクが強く、かゆくなるなる成分が含まれているので様子を見ながら少量ずつ。

ビタミン・ミネラル

【野菜】

□ **なす**
皮をむき、切ったら水にさらして色止めします。ゆでて刻みます。

□ **ピーマン・パプリカ**
皮をむき、種を取り除き、やわらかくゆでて刻みます。甘みがあるパプリカから始めて。

□ **オクラ**
やわらかくゆで、種やヘタ、ガクを取り除いてから細かく刻みます。まれに口が赤くなることがあるので、様子を見て少しずつ。

□ **アスパラガス**
繊維が多いので、やわらかくゆでて皮をむいてみじん切りにします。

□ **レンコン**
繊維が多く食感が残りがちなので、すりおろして使います。

□ **いんげん**
ヘタとスジを取り除き、やわらかくゆでてから刻みます。

【きのこ・海藻】

□ **焼きのり**
小さくちぎって、水分に浸してふやかしてから使います。

□ **青のり**
風味づけとしてごく少量を使います。

たんぱく質

【大豆製品】

□ **納豆**
ひき割りに熱湯をかけ、粘りをとって使います。慣れたらそのままでも。

【魚介類】

□ **鮭**
「生鮭」を加熱してから、皮・骨を取り除き、細かくほぐします。刺身を使うとラク。脂肪分が多めなので白身魚に慣れてきてから。

□ **まぐろ（赤身）・かつお**
加熱してほぐして使います。刺身を活用すると便利です。

□ **めかじき**
加熱してほぐして使います。白身魚に慣れてから試しましょう。

□ **ツナ水煮缶**
ノンオイルで食塩不使用のもの。汁気を切って細かくほぐします。

□ **かつお節**
細かくしてから食材に混ぜます。風味づけやうまみアップに。

【乳製品】

□ **カッテージチーズ**
なめらかな裏ごしタイプがおすすめ。さまざまな食材との相性も◎。

□ **粉チーズ**
塩分や脂肪分が多めなので、食材に少量をふりかける程度に。

【肉】

□ **鶏ささみ**
必ずスジを取り除き、やわらかく煮込んだあとにすりつぶしたり、細かくほぐします。

□ **鶏むね肉**
ささみに慣れたらむね肉にチャレンジしても。ゆでて細かくします。

□ **鶏ひき肉**
脂身の少ない鶏ささみや、むね肉のひき肉がおすすめ。脂身が多いものは、ゆでるときに沸騰させて煮立たせます。

引き続き食べられる食材

炭水化物
【米】白米
【パン】食パン
【シリアル】オートミール、コーンフレーク（無糖）
【麺】うどん、そうめん
【芋】じゃがいも、さつまいも

ビタミン・ミネラル
【野菜】にんじん、かぼちゃ、大根・かぶ、トマト、ほうれん草、小松菜、ブロッコリー、キャベツ、レタス、チンゲン菜、モロヘイヤ、白菜、きゅうり、とうもろこし、玉ねぎ
【果物】バナナ、りんご、いちご、みかん、もも、スイカ・メロン

たんぱく質
【大豆製品】豆腐、高野豆腐、きな粉、水煮大豆、豆乳、焼き麩
【鶏卵】卵
【魚介類】しらす干し、鯛、かれい・ひらめ、たら
【乳製品】プレーンヨーグルト、牛乳

1・2週目

レンジ加熱のお約束

・食材は耐熱容器に入れ、ふわりとラップをしてから電子レンジ（600W）でやわらかくなるまで加熱し、一度軽く水気を切ります。
・フリージングストックは7倍がゆとパンがゆは1分、野菜スープは30秒、それ以外は5gごとに10秒を目安に、電子レンジでアツアツになるまで加熱し、さましてから与えます。
・足りない場合は、様子を見ながら10秒ずつ追加で加熱します。

つくりおき

※食材の下ごしらえ（洗う、皮をむく、ワタ・種・筋などを取り除く）は済んだものを使用した分量、作り方を紹介しています。
※つくりおきの量は1週間分です。週のはじめに1週間分ずつストックの用意をしてください。

今週の食材　米、食パン、にんじん、玉ねぎ、ブロッコリー、トマト、かぼちゃ、いんげん、りんご、鶏ささみ、ツナ缶（ノンオイル）、ヨーグルト（無糖）、きな粉、豆乳、青のり

作るもの　**7倍がゆ・パンがゆは50gずつ、野菜スープは25mℓずつ、その他は5〜10gずつ冷凍する**
★ヨーグルト、きな粉、豆乳、青のりは冷凍せず、食べるときに準備する

☑ **7倍がゆ**（50g×11）
米75gと水630mℓを炊飯器に入れて、おかゆモードで炊く。
※別の作り方→p.22,50

☑ **パンがゆ**（50g×3）
耳を落とした6枚切りの食パン1枚をちぎる。豆乳150mℓに浸してレンジで1分30秒加熱し、つぶしながら混ぜる。

☑ **野菜スープ**（25mℓ×2）
☑ **にんじん**（10g×4）
☑ **玉ねぎ**（10g×11）
☑ **かぼちゃ**（10g×4）
☑ **ブロッコリー**（10g×2）

1 にんじん50g、玉ねぎ130g、ブロッコリー20g、かぼちゃ40gと水350mℓを炊飯器に入れて、普通に炊く。
2 野菜を取り出し、それぞれ2〜3mmのみじん切りにする。残った水分を野菜スープにする。
※個別の作り方など→p.13〜15
野菜スープの別の作り方→p.12

☑ **りんご**（10g×2）

りんご25gを2〜3mmのみじん切りにし、大さじ1の水とともにレンジで2分加熱する。

☑ **いんげん**（5g×5）

いんげん30gをひたひたの水とともにレンジで5分加熱し、2〜3mmのみじん切りにする。

☑ **鶏ささみ**（5g×11）

薄くそぎ切りにした鶏ささみ60gに片栗粉小さじ1をまぶし、ひたひたの水とともにレンジで2分加熱。2〜3mmのみじん切りにする。

☑ **ツナ**（5g×9）

ツナ缶45gの水気を切ってほぐす。

☑ **トマト**（10g×3）

トマト50gをレンジで1分30秒加熱し、みじん切りにする。
※上下に半分に切った下半分の種を取り除き、皮を下にしてレンチン、実だけを使うといい。

★**ヨーグルト**（50g×3）…食べるときにレンジ加熱する。
★**豆乳**…食べるときにレンジ加熱する。
★**きな粉**…食べるときに少量を振りかける。
★**青のり**…食べるときに少量を振りかける。

1日目㊊／8日目㊊

1回目

左：ささみがゆ

🧊 7倍がゆ … 1個

🍖 鶏ささみ … 1個

右：にんじんスープ

🥕 にんじん … 1個

🧅 玉ねぎ … 1個

🥣 野菜スープ … 1個

2回目

左：トマトがゆ

🧊 7倍がゆ … 1個

🍅 トマト … 1個

右：りんごヨーグルト

🍎 りんご … 1個

⭐ ヨーグルト … 50g

2日目㊋／9日目㊋

1回目

左：パンがゆ

🧊 パンがゆ … 1個

右：かぼちゃのそぼろ煮

🧅 玉ねぎ … 1個

🎃 かぼちゃ … 1個

🍖 鶏ささみ … 2個

2回目

左：にんじんブロがゆ

🧊 7倍がゆ … 1個

🥕 にんじん … 1個

🥦 ブロッコリー … 1個

右：きな粉ヨーグルト

⭐ ヨーグルト … 50g

⭐ きな粉 … 小さじ½

3日目㊌／10日目㊌

| 1回目 |

ツナとブロッコリーのおかゆ

 7倍がゆ … 1個

 ブロッコリー … 1個

 玉ねぎ … 1個

 ツナ … 1個

| 2回目 |

左：ささみ豆乳がゆ

 7倍がゆ … 1個

 鶏ささみ … 2個

玉ねぎ … 1個

★豆乳 … 大さじ1

右：かぼちゃきな粉

 かぼちゃ … 1個

★きな粉 … 小さじ½

4日目㊍／11日目㊍

| 1回目 |

左：ツナパンがゆ

 パンがゆ … 1個

 ツナ … 2個

右：かぼちゃいんげんサラダ

 玉ねぎ … 1個

 かぼちゃ … 1個

 いんげん … 1個

| 2回目 |

にんじんとささみのおかゆ

 7倍がゆ … 1個

 にんじん … 1個

 玉ねぎ … 1個

 鶏ささみ … 2個

fromみきてぃ 赤ちゃんの便に刻んだにんじんが見られるのは、消化機能が未熟だから。月齢が上がって胃腸が発達すれば見られなくなります。

5日目🈎／12日目🈎

1回目

左：青のりがゆ ／ 右：ささみといんげんのスープ

- 7倍がゆ … 1個
- ☆青のり … 少々
- 玉ねぎ … 1個
- いんげん … 2個
- 鶏ささみ … 2個
- 野菜スープ … 1個

2回目

左：豆乳がゆ ／ 右：トマトツナ煮

- 7倍がゆ … 1個
- ☆豆乳 … 大さじ1
- 玉ねぎ … 1個
- トマト … 1個
- ツナ … 2個

6日目🈔／13日目🈔

1回目

左：かぼちゃパンがゆ ／ 右：ツナと玉ねぎ煮

- パンがゆ … 1個
- かぼちゃ … 1個
- 玉ねぎ … 1個
- ツナ … 2個

2回目

いんげんとツナのおかゆ

- 7倍がゆ … 1個
- 玉ねぎ … 1個
- いんげん … 2個
- ツナ … 2個

7日目🈰／14日目🈰

1回目

トマトとささみのおかゆ

- 7倍がゆ … 1個
- 玉ねぎ … 1個
- トマト … 1個
- 鶏ささみ … 2個

2回目

左：にんじんのおかゆ ／ 右：りんごヨーグルト

- 7倍がゆ … 1個
- にんじん … 1個
- りんご … 1個
- ☆ヨーグルト … 50g

レンジ加熱のお約束

・食材は耐熱容器に入れ、ふわりとラップをしてから電子レンジ（600W）でやわらかくなるまで加熱し、一度軽く水気を切ります。
・フリージングストックは7倍がゆとうどんがゆは1分、野菜スープは30秒、それ以外は5gごとに10秒を目安に、電子レンジでアツアツになるまで加熱し、さましてから与えます。
・足りない場合は、様子を見ながら10秒ずつ追加で加熱します。

つくりおき

※食材の下ごしらえ（洗う、皮をむく、ワタ・種・筋などを取り除く）は済んだものを使用した分量、作り方を紹介しています。
※つくりおきの量は1週間分です。週のはじめに1週間分ずつストックの用意をしてください。

今週の食材　米、うどん（ゆで）、にんじん、玉ねぎ、大根、小松菜、さつまいも、オクラ、納豆、鮭、豆腐（絹ごし）、青のり、豆乳、かつお節、焼きのり

作るもの　**7倍がゆは60gずつ、うどんがゆは50gずつ、野菜スープは25mlずつ、その他は5〜10gずつ冷凍する**
★豆腐、青のり、豆乳、かつお節、焼きのりは、冷凍せず食べるときに準備する

☑ **7倍がゆ**（60g×11）
米85gと水715mlを炊飯器に入れて、おかゆモードで炊く。
※別の作り方→p.22,50

☑ **うどんがゆ**（50g×3）
ゆでうどん150gをみじん切りにし、ひたひたの水とレンジで6分加熱する。
※別の作り方→p.50

☑ **野菜スープ**（25ml×4）
☑ **にんじん**（10g×8）
☑ **小松菜**（10g×5）
☑ **さつまいも**（10g×4）

☑ **玉ねぎ**（10g×4）

☑ **大根**（10g×4）

1　にんじん90g、小松菜50g、さつまいも40g、玉ねぎ50g、大根50gと水400mlを炊飯器に入れて、普通に炊く。
2　野菜を取り出し、それぞれをみじん切りにする。残った水分を野菜スープにする。
※個別の作り方など→p.13〜15
※野菜スープの別の作り方→p.12

☑ **オクラ**（5g×7）
オクラ35gをひたひたの水とともにレンジで5分加熱し、みじん切りにする。
※種も取り除く（→p.13）

☑ **鮭**（5g×7）
鮭35gに片栗粉小さじ½をまぶし、ひたひたの水とレンジで1分30秒加熱。みじん切りにする。

☑ **納豆**（5g×16）
ひきわり納豆80gに熱湯をかけ、粘りを取る。

★ **豆腐**（30g×4）…食べるときにレンジで加熱する。
★ **豆乳**…食べるときにレンジで加熱する。
★ **青のり**…食べるときに少量を振りかける。
★ **かつお節**…食べるときに少量を振りかける。
★ **焼きのり**…食べるときに少量を小さくちぎる。

　fromみきてぃ　納豆が苦手だったら、ほかのたんぱく質に置き換えても（納豆15g＝肉魚10〜15g＝豆腐30〜40g＝ヨーグルト50g）。

1日目 **月** ／ 8日目 **月**

1回目

左：納豆小松菜がゆ

- 7倍がゆ … 1個
- 納豆 … 1個
- 小松菜 … 1個

右：にんじんスープ

- にんじん … 1個
- 野菜スープ … 1個

2回目

左：さつまいもと にんじんのおかゆ

- 7倍がゆ … 1個
- にんじん … 1個
- さつまいも … 1個

右：豆腐の青のり和え

- ☆豆腐 … 30g
- ☆青のり … 少々

2日目 **火** ／ 9日目 **火**

1回目

左：おろしうどん

- うどんがゆ … 1個
- 大根 … 1個
- 野菜スープ … 1個

右：玉ねぎオクラ納豆

- 玉ねぎ … 1個
- オクラ … 1個
- 納豆 … 3個

2回目

左：玉ねぎがゆ

- 7倍がゆ … 1個
- 玉ねぎ … 1個

右：にんじんの白和え

- にんじん … 1個
- ☆豆腐 … 30g

3日目㊌／10日目㊌

| 1回目 |

左：鮭がゆ　　　右：さつまいもと小松菜のポタージュ

- 7倍がゆ … 1個
- 鮭 … 1個
- 小松菜 … 1個
- さつまいも … 1個
- ★豆乳 … 大さじ1

| 2回目 |

納豆と大根とにんじんのおかゆ

- 7倍がゆ … 1個
- にんじん … 1個
- 大根 … 1個
- 納豆 … 3個

4日目㊍／11日目㊍

| 1回目 |

鮭とオクラのおろしうどん

- うどんがゆ … 1個
- 大根 … 1個
- オクラ … 2個
- 鮭 … 2個
- 野菜スープ … 1個
- ★かつお節 … 少々

| 2回目 |

左：小松菜がゆ　　　右：玉ねぎ納豆

- 7倍がゆ … 1個
- 小松菜 … 1個
- 玉ねぎ … 1個
- 納豆 … 3個

fromみきてぃ おかゆが苦手な子は、主食をうどんがゆやスパゲッティ、パンがゆやいもなど、炭水化物の食材に置き換えても。

5日目金／12日目金

1回目

左：のりがゆ ／ 右：玉ねぎとオクラの白和え

- 7倍がゆ … 1個
- 焼きのり … 少々
- 玉ねぎ … 1個
- オクラ … 2個
- 豆腐 … 30g

2回目

左：鮭のミルクがゆ ／ 右：さつまいもにんじんサラダ

- 7倍がゆ … 1個
- 鮭 … 2個
- 豆乳 … 大さじ1
- にんじん … 1個
- さつまいも … 1個

6日目土／13日目土

1回目

納豆野菜うどん

- うどんがゆ … 1個
- にんじん … 1個
- 小松菜 … 1個
- 納豆 … 3個
- 野菜スープ … 1個

2回目

左：鮭にんじんがゆ ／ 右：さつまいもポタージュ

- 7倍がゆ … 1個
- にんじん … 1個
- 鮭 … 2個
- さつまいも … 1個
- 豆乳 … 大さじ1

7日目日／14日目日

1回目

左：のりと大根のおかゆ ／ 右：オクラ納豆

- 7倍がゆ … 1個
- 大根 … 1個
- 焼きのり … 少々
- オクラ … 2個
- 納豆 … 3個

2回目

小松菜にんじん豆腐がゆ

- 7倍がゆ … 1個
- にんじん … 1個
- 小松菜 … 1個
- 豆腐 … 30g
- かつお節 … 少々

つくりおき

※食材の下ごしらえ(洗う、皮をむく、ワタ・種・筋などを取り除く)は済んだものを使用した分量、作り方を紹介しています。
※つくりおきの量は1週間分です。週のはじめに1週間分ずつストックの用意をしてください。

今週の食材　米、スパゲッティ、ブロッコリー、玉ねぎ、かぼちゃ、にんじん、クリームコーン缶、パプリカ、バナナ、めかじき、ツナ缶(ノンオイル)、ヨーグルト(無糖)、きな粉、豆乳、粉チーズ

作るもの　7倍がゆは**70g**ずつ、 スパゲッティは**50g**ずつ、 野菜スープは**25㎖**ずつ、 その他は**5〜15g**ずつ冷凍する
★バナナ、ヨーグルト、きな粉、豆乳、粉チーズは冷凍せず、食べるときに準備する

☑ **7倍がゆ**（70g×11）
米**95g**と水**800㎖**を炊飯器に入れて、おかゆモードで炊く。
※別の作り方→p.22,50

☑ **スパゲッティ**（50g×3）
スパゲッティ**60g**を指で押してつぶれるくらいにゆで、みじん切りにする。
※詳しい作り方→p.50

☑ **野菜スープ**（25㎖×4）
☑ **にんじん**（10g×8）
☑ **玉ねぎ**（10g×11）
☑ **ブロッコリー**（10g×7）
☑ **かぼちゃ**（10g×6）

1　にんじん**90g**、玉ねぎ**130g**、ブロッコリー**70g**、かぼちゃ**60g**と水**400㎖**を炊飯器に入れて、普通に炊く。
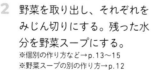
2　野菜を取り出し、それぞれをみじん切りにする。残った水分を野菜スープにする。
※個別の作り方など→p.13〜15
※野菜スープの別の作り方→p.12

☑ **クリームコーン**（5g×7）
クリームコーン**35g**をそのまま小分けにして冷凍する。
※調味料不使用の商品を使う。

☑ **ツナ**（15g×6）
ツナ缶**90g**の水気を切ってほぐす。

☑ **めかじき**（5g×13）
そぎ切りにした**めかじき65g**に片栗粉小さじ1弱をまぶし、ひたひたの水とレンジで1分40秒加熱。みじん切りにする。

☑ **パプリカ**（5g×5）
パプリカ**35g**を1cm角に切り、ひたひたの水とレンジで3分加熱し、みじん切りにする。
※詳しい下ごしらえ方法→p.13

★**バナナ**（10g×3）…食べるときにレンジで加熱し、つぶす。※10gずつ輪切りにして冷凍しておいてもOK。
★**ヨーグルト**（50g×3）…食べるときにレンジで加熱する。
★**豆乳**…食べるときにレンジで加熱する。
★**きな粉**…食べるときに振りかける。
★**粉チーズ**…食べるときに振りかける。

1日目 月 ／ 8日目 月

1回目

2回目

左：めかじきのおかゆ　右：かぼちゃブロサラダ

 7倍がゆ … 1個　　玉ねぎ … 1個

 めかじき … 1個　　かぼちゃ … 1個

ブロッコリー … 1個

左：ブロにんじんがゆ　右：バナナきな粉ヨーグルト

7倍がゆ … 1個　　★バナナ … 10g

にんじん … 1個　　★ヨーグルト … 50g

ブロッコリー … 1個　　★きな粉 … 少々

2日目 火 ／ 9日目 火

1回目

2回目

左：めかじきブロの
クリームパスタ　　右：にんじんスープ

 スパゲッティ … 1個　　 にんじん … 1個

 ブロッコリー … 1個　　 玉ねぎ … 1個

 めかじき … 3個　　 野菜スープ … 1個

★豆乳 … 大さじ2

かぼちゃブロッコリーツナがゆ

 7倍がゆ … 1個　　 かぼちゃ … 1個

 玉ねぎ … 1個　　 ツナ … 1個

 ブロッコリー … 1個

fromみきてぃ　中期後半は離乳食からの栄養も必要になるので、食べない場合はリスト（p.24,51）の同じ栄養素の他の食材に置き換えても。

3日目 水 ／ 10日目 水

1回目

左：ブロッコリーがゆ　**右：めかじきのコーン和え**

 7倍がゆ … 1個

ブロッコリー … 1個

 玉ねぎ … 1個

 クリームコーン … 1個

 めかじき … 3個

2回目

左：にんじんツナがゆ　**右：かぼちゃスープ**

 7倍がゆ … 1個

 にんじん … 1個

 ツナ … 1個

 玉ねぎ … 1個

かぼちゃ … 1個

 ★豆乳 … 大さじ1

4日目 木 ／ 11日目 木

1回目

コーンクリームチーズパスタ

 スパゲッティ … 1個

 玉ねぎ … 1個

 にんじん … 1個

 クリームコーン … 2個

めかじき … 3個

 ★豆乳 … 大さじ2

★粉チーズ … 小さじ¼

2回目

左：にんじんのおかゆ　**右：ツナブロ煮**

 7倍がゆ … 1個

にんじん … 1個

 玉ねぎ … 1個

 ブロッコリー … 1個

ツナ … 1個

5日目金／ 12日目金

1回目

2回目

左：パプリカのおかゆ　右：ツナにんじんスープ

左：かぼちゃブロがゆ　右：バナナきな粉ヨーグルト

- 7倍がゆ … 1個
- パプリカ … 1個

- 玉ねぎ … 1個
- にんじん … 1個
- ツナ … 1個
- 野菜スープ … 1個

- 7倍がゆ … 1個
- ブロッコリー … 1個
- かぼちゃ … 1個

- ★バナナ … 10g
- ★きな粉 … 少々
- ★ヨーグルト … 50g

6日目土／ 13日目土

1回目

2回目

左：パプリカとめかじき
のスパゲッティ　右：かぼちゃスープ

パプリカとツナのコーンリゾット

- スパゲッティ … 1個
- パプリカ … 2個
- めかじき … 3個
- 野菜スープ … 2個

- 玉ねぎ … 1個
- かぼちゃ … 1個
- ★豆乳 … 大さじ1

- 7倍がゆ … 1個
- 玉ねぎ … 1個
- パプリカ … 2個

- クリームコーン … 2個
- ツナ … 1個

7日目日／ 14日目日

1回目

2回目

かぼちゃとにんじんツナのおかゆ

左：クリームコーンがゆ　右：バナナにんじんヨーグルト

- 7倍がゆ … 1個
- 玉ねぎ … 1個
- にんじん … 1個

- かぼちゃ … 1個
- ツナ … 1個

- 7倍がゆ … 1個
- クリームコーン … 2個
- ★粉チーズ … 少々

- にんじん … 1個
- ★バナナ … 10g
- ★ヨーグルト … 50g

fromみきてぃ　パスタやマカロニは水分を吸いやすいので、食べにくそうなら水や豆乳を足してね。

つくりおき

※食材の下ごしらえ(洗う、皮をむく、ワタ・種・筋などを取り除く)は済んだものを使用した分量、作り方を紹介しています。
※つくりおきの量は1週間分です。週のはじめに1週間分ずつストックの用意をしてください。

今週の食材　米、食パン、マカロニ、キャベツ、にんじん、玉ねぎ、トマト、じゃがいも、アスパラガス、里いも、卵、鶏ささみ、かつお、豆腐（絹ごし）、きな粉、豆乳、粉チーズ

作るもの　7倍がゆ・パンがゆは80gずつ、マカロニは50gずつ、野菜スープは25mlずつ、その他は5～15gずつ冷凍する

★豆腐、きな粉、豆乳、粉チーズは冷凍せず、食べるときに準備する

☑ **7倍がゆ**（80g×7）
米75gと水630mlを炊飯器に入れて、おかゆモードで炊く。
※別の作り方→p.22,50

☑ **パンがゆ**（80g×4）
耳を落とした6枚切りの食パン2枚をちぎる。豆乳280mlにひたしてレンジで2分30秒加熱し、つぶしながら混ぜる。

☑ **野菜スープ**（25ml×9）
☑ **にんじん**（10g×11）
☑ **玉ねぎ**（10g×12）
☑ **キャベツ**（10g×6）
☑ **じゃがいも**（10g×3）

1　にんじん120g、玉ねぎ140g、キャベツ60g、じゃがいも30g（水にさらしてアク抜きしてから）と水550mlを炊飯器に入れて、普通に炊く。
2　野菜を取り出し、それぞれをみじん切りにする。残った水分を野菜スープにする。
※個別の作り方など→p.13～15
※野菜スープの別の作り方→p.12

☑ **マカロニ**（50g×3）
マカロニ60gを指で押してつぶれるくらいにゆで、みじん切りにする。
※別の作り方→p.50

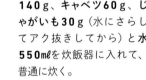

☑ **アスパラガス**（5g×5）
下5cmを切り落とし、皮をむいたアスパラガス30gを1cm長さに切り、ひたひたの水とレンジで3分加熱し、みじん切りにする。

☑ **トマト**（10g×5）
材料・作り方はp.52と同じ。

☑ **7週目** **卵黄**（ミモザ状）
卵1個を沸騰した湯で20分ゆで、卵白と卵黄にわけ、茶こしやざるでこし、ミモザ状にして冷凍する。

☑ **里いも**（5g×3）
さといも30gを濡らしたキッチンペーパーで包み、レンジで2分加熱し、みじん切りにする。

☑ **8週目** **薄焼き卵**（みじん切り）
しっかり溶いた卵1個を、フライパンで両面完全に火が通るまで薄く焼き、みじん切りにして冷凍する。

☑ **鶏ささみ**（15g×6）
薄くそぎ切りにした**鶏ささみ100g**に片栗粉小さじ**1と½**をまぶし、ひたひたの水とレンジで2分加熱。みじん切りにする。

☑ **かつお**（5g×10）
かつお50g（刺身でも○）全体に、片栗粉小さじ**1弱**をまぶし、ひたひたの水とレンジで1分30秒加熱。みじん切りにする。

★**豆腐**（30g×2）…食べるときにレンジで加熱する。
★**豆乳**…食べるときにレンジで加熱する。
★**きな粉**…食べるときに少量を振りかける。
★**粉チーズ**…食べるときに少量を振りかける。

1日目月／8日目月

1回目

左：卵とキャベツのおかゆ

- 🟦 7倍がゆ … 1個
- 🟩 キャベツ … 1個
- ★ 卵黄 … 小さじ1

右：玉ねぎとにんじんスープ

- 🟧 にんじん … 1個
- 🟨 玉ねぎ … 1個
- 🟩 野菜スープ … 1個

※8日目は卵黄を薄焼き卵小さじ¼にする。

2回目

左：きな粉パンがゆ

- ⬜ パンがゆ … 1個
- ★ きな粉 … 小さじ½

右：キャベツとささみのトマト和え

- 🟩 キャベツ … 1個
- 🟨 玉ねぎ … 1個
- 🟥 トマト … 1個
- 🟫 鶏ささみ … 1個

2日目火／9日目火

1回目

左：かつおとトマトのマカロニ

- ⬜ マカロニ … 1個
- ⬛ トマト … 1個
- 🟫 かつお … 1個
- 🟩 野菜スープ … 2個

右：じゃがいものポタージュ

- 🟨 玉ねぎ … 1個
- ⬜ じゃがいも … 1個
- ★ 豆乳 … 大さじ1

※9日目はかつおを薄焼き卵小さじ½にする。

2回目

かつおと野菜のチーズがゆ

- 🟦 7倍がゆ … 1個
- 🟩 キャベツ … 1個
- 🟧 にんじん … 1個
- 🟨 玉ねぎ … 1個
- 🟫 かつお … 3個
- ★ 粉チーズ … 小さじ½

fromみきてぃ 卵白入りの薄焼き卵への置き換えは、病院が開いている平日午前中の1回目の離乳食でチャレンジするのが安心です。

3日目 ㊌ ／ 10日目 ㊌

1回目

左：卵のおかゆ ／ 右：にんじんとキャベツと玉ねぎのスープ

 7倍がゆ … 1個

★卵黄 … 大さじ1

※10日目は卵黄を薄焼き卵小さじ1にする

 キャベツ … 1個

 にんじん … 1個

 玉ねぎ … 1個

 野菜スープ … 1個

2回目

野菜とささみのパンがゆ

 パンがゆ … 1個

 トマト … 1個

 にんじん … 1個

 鶏ささみ … 1個

 玉ねぎ … 1個

4日目 ㊍ ／ 11日目 ㊍

1回目

ささみと野菜のミルクマカロニ

 マカロニ … 1個

 アスパラガス … 1個

 にんじん … 1個

 鶏ささみ … 1個

 玉ねぎ … 1個

 ★豆乳 … 大さじ1

 野菜スープ … 1個

※11日目は鶏ささみをを薄焼き卵小さじ2にする。

2回目

左：かつおがゆ ／ 右：じゃがにんじん

 7倍がゆ … 1個

 にんじん … 1個

 かつお … 3個

 玉ねぎ … 1個

 じゃがいも … 1個

fromみきてぃ 卵を食べた日は、赤ちゃんの様子を注意深く見守ります。少しでも異変を感じたら、すぐに病院を受診しましょう。

5日目㊎／12日目㊎

1回目

左：きな粉のおかゆ
- 🟨 7倍がゆ … 1個
- ⭐ きな粉 … 小さじ½

※12日目は鶏ささみをを薄焼き卵大さじ1にする。

右：肉いも
- 🟧 にんじん … 1個
- 🟨 玉ねぎ … 1個
- 🟩 里いも … 1個
- 🟫 鶏ささみ … 1個

2回目

左：アスパラパンがゆ
- 🟨 パンがゆ … 1個
- 🟩 アスパラガス … 2個

右：にんじんトマトの豆腐スープ
- 🟧 にんじん … 1個
- 🟥 トマト … 1個
- 🟨 野菜スープ … 1個
- ⭐ 豆腐 … 30g

6日目㊏／13日目㊏

1回目

左：トマトささみマカロニ
- 🟨 マカロニ … 1個
- 🟥 トマト … 1個
- 🟫 鶏ささみ … 1個
- 🟨 野菜スープ … 2個

右：里いものポタージュ
- 🟨 玉ねぎ … 1個
- 🟩 里いも … 2個
- ⭐ 豆乳 … 大さじ2

2回目

左：キャベツがゆ
- 🟨 7倍がゆ … 1個
- 🟩 キャベツ … 1個

右：かつお野菜スープ
- 🟨 玉ねぎ … 1個
- 🟫 かつお … 3個
- 🟧 にんじん … 1個
- 🟨 野菜スープ … 1個

7日目㊐／14日目㊐

1回目

野菜とささみのチーズがゆ
- 🟨 7倍がゆ … 1個
- 🟧 にんじん … 1個
- 🟨 玉ねぎ … 1個
- 🟩 キャベツ … 1個
- 🟫 鶏ささみ … 1個
- ⭐ 粉チーズ … 小さじ½

2回目

左：にんじんパンがゆ
- 🟨 パンがゆ … 1個
- 🟧 にんじん … 1個

右：じゃがアスパラ豆腐
- 🟨 じゃがいも … 1個
- 🟩 アスパラガス … 2個
- ⭐ 豆腐 … 30g

9〜11か月ごろ

いよいよ3回食が始まり、栄養の6〜7割を離乳食から摂るようになります。少しずつ大人と同じ食事時間になるようにしていきましょう。

スタートの目安

いくつか当てはまったら準備OK！

- ☑ 生活リズムが整ってきた
- ☑ 2回食の時間が決まっている
- ☑ 豆腐くらいの固さのものを、舌でつぶして食べられる
- ☑ 手づかみなどで自分から食べようとする
- ☑ 1回で食べる総量が、子ども茶わん1杯分くらいになった

タイムスケジュール例

- 5:00
- 6:00 ●── 🍼 ミルク
- 7:00
- 8:00
- 9:00
- 10:00 ●── 🍴 離乳食 ▶ ミルクor授乳
- 11:00
- 12:00
- 13:00 ●── 🍴 離乳食　　赤ちゃんのお昼寝に合わせて
- 14:00 　　▶ ミルクor授乳
- 15:00
- 16:00
- 17:00 ●── 🍴 離乳食 ▶ ミルクor授乳
- 18:00
- 19:00
- 20:00
- 21:00 ●── 🍼 ミルクor授乳　　赤ちゃんの寝る時間に合わせて
- 22:00

▶ 食べさせ方

手づかみ食べができるよう、スティック状の野菜やおにぎりなどを用意しましょう。ひと口で食べられる分量が増えるので、スプーンはくぼみのあるものを使います。イスに座る際は、足の裏がつくように調整すると安定した姿勢で食べやすくなります。

▶ 味つけ

しょうゆ、塩、砂糖、みそ、バターなどの調味料が少量ずつ使えるように。素材の味を体験するのが大切なので、赤ちゃんの食べ方を見ながら、ごく少量加える程度がいいでしょう。

▶ 固さ

歯ぐきでつぶせるバナナくらいの固さを目安に。大きさは、5〜8mm大くらいの角切りから始め、慣れてきたら少しずつ大きくします。小さすぎたり、トロトロすぎると、かむ練習にならないので気をつけて。魚や肉が食べづらいときは、とろみをつけましょう。

1食分の目安量

1回の食事でたんぱく質や野菜をそれぞれ一品ずつ食べる場合の目安量です（2品食べる場合は半量にします）。

炭水化物

5倍がゆ
90g

5倍がゆなら約90g、軟飯なら約80gです。

たんぱく質

肉・魚
15g

ひき肉なら大さじ1、魚の切り身なら¼弱です。

卵
½個

全卵½個をしっかり加熱します。

豆腐
45g

4〜5cm角で約45g、⅛丁より小さくします。

ビタミン・ミネラル

ブロッコリー
30〜40g

2房で約40〜50g、花蕾部分だけを使います。

かぼちゃ
30〜40g

3cm角2個で約40g、皮やワタ、種は除きます。

ほうれん草
30〜40g

7本つき1株で約45g、葉だけを使います。

にんじん
30〜40g

小¼本で約30〜40gです。

トマト
30〜40g

⅙個で約20g、皮や種は除きます。

みきてい's voice

手づかみ食べ、練習の仕方は？

　赤ちゃんが離乳食に自分から手を伸ばすようになったら、ゆでた野菜や細長く切った食パンなどを、平らな皿にのせてあげてみましょう。

　どうしてもまわりを汚してしまうので、忙しい朝ではなくのんびり過ごせる夜など、ストレスの少ない時間帯を選んで出すのもいいと思います。

　手づかみ食べの手と口が連動する動きは、1歳からのスプーンやフォークの練習につながり、ひと口の量を覚えたり、かむ力を高める効果もあります。

　食べ方にも個性があるので、なかなか手づかみをしない場合は、ゆっくりで大丈夫。明るく声をかけ、「自分で食べたい」という気持ちを育てていきましょう。

ゆでた野菜や食パンがおすすめ！

主食の作り方

材料の重量はおおよそで、作りやすい分量で記しています。

前半〜
5倍がゆ

1食分

なべ

材料

ご飯…120g
水…300㎖

1 小さめの鍋にご飯と水を入れて火にかけ、煮立ったらふたをし、10〜20分加熱する。
2 ふっくらしたら火を止めてそのまま20分蒸らす。
3 粗熱がとれたら、つぶを少し残してつぶす。

米粒がこのくらい
残るように

炊飯器

材料

米…85g
水…500㎖

1 炊飯器に洗った米と水をセットし、おかゆモードで炊く。

うどん・そうめん

なべ

材料

〈うどん〉
ゆでうどん…60g
水…適量
〈そうめん〉
そうめん…15g
水…適量

1食分

1 小鍋にめんと水を入れて長めにゆで、細かく切る（→p.23）。

後半〜
軟飯

1食分

炊飯器

材料

米…170g
水…400㎖

米粒は
このくらい

1 炊飯器に、洗った米と水をセットし、普通に炊く。

食パン

材料

食パン（8枚切り）
　…½〜⅔枚（約20g）

1食分

1 食パンを切る。角切りから始めて、慣れたらスティック状に切る

スパゲッティ・
マカロニ

なべ

スパゲッティー1食分

材料

〈スパゲッティ〉
スパゲッティ…15〜25g
水…適量
〈マカロニ〉
マカロニ…15〜25g
水…適量

マカロニー1食分

1 小鍋に水を煮立たせ、スパゲッティまたはマカロニを表示の2倍の時間ゆでる。
2 ゆであがったら水で洗い、1〜2㎝くらいの大きさに刻む。

後期から食べられる！ **食材リスト**

後期の食材にチャレンジ！ 後期も初めての食材は1日1種類まで。平日午前のメニューにプラス。

炭水化物

【パン】

□ **ロールパン**
マーガリンやバターが中に入っていないシンプルなものを、小さめにちぎって。

【その他】

□ **ホットケーキミックス**
糖分があるので頻度が高くなり過ぎないように注意。できれば国産小麦使用の商品に。

ビタミン・ミネラル

【野菜】

□ **もやし**
ひげ根と豆の部分を取り除いてゆで、細かく切ります。

□ **ねぎ・ニラ**
消化しづらいのでみじん切りにしてやわらかくなるまで火を通します。

【きのこ・海藻】

□ **きのこ類**
かみ切りにくく、食物繊維も多いので、加熱して細かく刻みます。

□ **わかめ**
生わかめや乾燥わかめをゆでてから、細かく切って使います。

□ **ひじき**
乾燥ひじきは水で戻して細かく刻んで加熱します。

□ **粉寒天**
水で戻すことなくスープや汁ものにそのまま溶かして使えます。

【果物】

□ **キウイフルーツ**
なるべく完熟したものを選びます。初めはやわらかめのものに。

たんぱく質

【魚介類】

□ **あじ・いわし・さんま**
赤身魚より脂質が多くて身も固いので、食べやすくほぐします。皮や骨も取り除きます。

□ **さば**
新鮮なものを選び、皮や骨を取り除きます。脂質が多いので分量には気をつけましょう。

□ **ぶり**
脂ののった腹の部分は避け、背の部分を使います。皮や骨を取り除きほぐします。

□ **さば水煮缶**
味つけがされていない水煮缶を選び、塩分が多い汁気を切ります。皮や骨を除き、ほぐして少量から。

【乳製品】

□ **溶けるチーズ**
塩分や脂肪分が多いので、分量や頻度に注意。5mmほどに刻んで加熱して使います。

【肉】

□ **鶏もも肉**
脂肪分が多めなので少量ずつから。ゆでてからほぐします。

□ **レバー**
鶏肉に慣れてきてから始めましょう。なめらかなペースト状に。ベビーフードを活用するといいでしょう。

□ **豚赤身肉**
鶏肉に慣れてからスタート。脂の少ない赤身肉を選び、しっかり加熱してから食べやすく刻みます。

□ **牛赤身肉**
鶏肉に慣れてから始めます。脂身は胃に負担をかけるので取り除き、加熱してから刻みます。

□ **豚・牛ひき肉**
鶏肉に慣れ、豚・牛赤身肉を試したあとに。できるだけ脂身の少ないものを選び、脂身が多いものは、ゆでるときに沸騰させて煮立たせます。

調味料

□ **ごま**
アレルギーがないか、必ず少量を試してから使いましょう。最初はすりごまを風味づけ程度に。

引き続き食べられる食材

炭水化物
【米】白米
【パン】食パン
【シリアル】オートミール、コーンフレーク無糖
【麺】うどん、そうめん、マカロニ、スパゲッティ
【芋】じゃがいも、さつまいも、里いも

ビタミン・ミネラル
【野菜】にんじん、かぼちゃ、大根・かぶ、トマト、ほうれん草、小松菜、ブロッコリー、キャベツ、レタス、チンゲン菜、白菜、なす、きゅうり、とうもろこし、玉ねぎ、ピーマン・パプリカ、オクラ、アスパラガス、レンコン、モロヘイヤ、いんげん
【きのこ・海藻】焼きのり、青のり
【果物】バナナ、りんご、いちご、みかん、もも、スイカ・メロン

たんぱく質
【大豆製品】豆腐、高野豆腐、きな粉、納豆、水煮大豆、豆乳、焼き麩
【鶏卵】卵
【魚介類】しらす干し、鯛、かれい・ひらめ、たら、鮭、まぐろ（赤身）・かつお、めかじき、ツナ水煮缶、かつお節
【乳製品】プレーンヨーグルト、牛乳、カッテージチーズ、粉チーズ
【肉】鶏ささみ、鶏むね肉、鶏ひき肉

献立の立て方

後期は1日3回、献立を立てます。
これまでよりも、好みや食べる量などに個性が出てきます。
すべてつくりおきできるレシピなので、つくりおきや家に
あるものを活用しつつ、わが子に合わせて献立を考えてみ
ましょう。

1 主食を選ぶ

2 主菜を選ぶ

つくりおきを
活用しよう！

3 副菜を選ぶ

4 スープで調整する

主食

炭水化物

頭と体を動かし、すば
やくエネルギーに変身
する炭水化物。ご飯、
パン、めん類や、じゃ
がいもなどのいも類に
豊富に含まれている。

栄養バランスを意識して
健康な体作り

炭水化物、たんぱく質、脂質、ビタ
ミン、ミネラルの栄養素が偏らない
ようにするには、主食、主菜、副菜
・スープを揃えた一汁二菜が基本。
主食や主菜とボリュームがあるもの
から選び、副菜やスープで足りない
栄養素を補うといいでしょう。

主菜

たんぱく質・脂質

体を作るたんぱく質と
エネルギーを貯められ
る脂質は、肉、魚、豆
類にたっぷり。主菜に
野菜を組み合わせると、
さらに栄養満点！

**副菜・
スープ**

ビタミン・ミネラル

ほかの栄養素の働きを
支えるビタミンと体の
調子を整えるミネラル
は野菜、果物、きのこ
や海藻にたっぷり。副
菜やスープで補って。

基本の献立

主食 **スパゲッティ**（→p.70）
＋
主菜 **ミートソース**（→p.78）

副菜 **さつまいも
バナナおやき**
（→p.86）

主食に主菜を
かける！

野菜は
副菜で補って

主食に主菜をかけて、野菜を副菜で補います。
ミートソースは、味つけを変えれば肉そぼろになり、
おかゆや軟飯にも合うので、子どもも飽きずに食べられます。

食べ方いろいろ献立

主食 ほうれん草バナナ
副菜 蒸しパン （→p.76）

主菜 豆腐ハンバーグ （→p.78）
副菜

スープ レンチンかぼちゃ
　　　 ポタージュ （→p.85）

フォークで

スプーンで

手づかみ

主食＋主菜に、スープをつけたメニュー。
手づかみで食べるパン、フォークを使うハンバーグ、スプーンで
すくうスープと、食べ方のバラエティが豊か。主食の「ほうれん
草バナナ蒸しパン」は、野菜たっぷりで副菜の役割も担います。

つくりおきが ないとき

ゆでるだけ！

あれば
つくりおきを
活用しても！

主食 5倍がゆ／軟飯

主菜 納豆

副菜 ゆで野菜

スープ スープ／みそ汁

つくりおきのおかずや主食がないときは、
主菜に栄養満点のひきわり納豆（約20ｇ）、副菜に野菜をゆでるだけでOK！
スープは大人用を水で4〜5倍に薄めるか、つくりおきを活用。
5倍がゆや軟飯は1食分なら電子レンジで（→p.22）。

作る気力がないとき

主食 ひじきツナ
主菜 炊き込みごはん
副菜

なるべく具材が
多めのものを！

何品も用意する時間や気力がないときは、オールインワンで。
具材がたくさん入っていて主食・主菜・副菜とすべての役割
を兼ね備えたオールインワンレシピ（→p.82）を冷凍してお
けば、チンするだけで1食完成です。

主食

レンジ加熱のお約束

・特に記載がない限り、食材は耐熱容器に入れ、ふわりとラップをしてから加熱してください。
・解凍するときは、1食分につき30秒から試してみて、アツアツになるまでしっかり加熱をします。

かんたんがゆ&おやき2種

主食　主菜

ツナごま （5〜10min.）

材料（1食分）
5倍がゆ…90g
（または軟飯80g）
ツナ…15g
白ごま…小さじ1
片栗粉…小さじ1

1 ツナに白ごまを混ぜる。

2 **おかゆの場合**
5倍がゆ（軟飯）に1をのせる。

おやきの場合
1に5倍がゆ（軟飯）、片栗粉を混ぜてフライパンで両面を焼く。

主食　主菜

しらす青のり （5〜10min.）

材料（1食分）
5倍がゆ…90g
（または軟飯80g）
しらす…15g
青のり…小さじ1
片栗粉…小さじ1

memo
まだ、なるべく油を使わずに焼きます。

1 しらすに湯をかけて塩抜きをし、青のりを混ぜる。

2 **おかゆの場合**
5倍がゆ（軟飯）に1をのせる。

おやきの場合
1に5倍がゆ（軟飯）、片栗粉を混ぜてフライパンで両面を焼く。

主食　主菜

電子レンジ　冷凍OK　混ぜるだけ

納豆卵のおやき （10min.）

材料（2食分）
軟飯…160g
ひきわり納豆…15g
卵…1個
かつお節…ひとつまみ
しょうゆ…小さじ¼

1 すべての材料をよく混ぜ、油（分量外）を薄く塗った耐熱の小分け容器に入れ、電子レンジ（600W）で3分〜3分30秒加熱する。

2 容器から取り出して2等分し、食べない分は冷凍する。

memo
納豆の代わりにゆで野菜を入れてもおいしい！

手づかみ食べが旺盛なこの時期。つかみやすい形状や、
食べやすい固さのおやきやパンが大集合！
今まで少食だった子も食いつくかも!?

きな粉食パン 5min.

材料（1食分）
食パン（8枚切り）
　…½枚（9か月ごろ〜）または
　⅔枚（10か月ごろ〜）
きな粉…小さじ½
砂糖…小さじ¼

1 食パンは耳を切り落とし、8等分に切る。
2 耐熱容器に1を入れて電子レンジ（600W）で10秒加熱する。
3 粗熱が取れたら2にきな粉と砂糖をまぶす。

主食

電子レンジ　冷凍OK

離乳食フレンチトースト 10min.

材料（2食分）
食パン（8枚切り）…1枚
A｜牛乳（または豆乳）…60㎖
　｜卵…1個
　｜砂糖…小さじ½
無塩バター…5g

1 食パンは耳を切り落とし、16等分に切る。
2 耐熱容器にAを入れて混ぜ、上下を返しながら1を浸す。
3 2を電子レンジ（600W）で20秒加熱して取り出し、裏返してさらに20秒加熱する。
4 フライパンに弱火でバターを熱し、3を両面焼く。

主食

冷凍OK

オートミールパン 10min.

材料（1食分）
オートミール…20g
豆乳（または牛乳）…60㎖
きな粉…小さじ1

1 耐熱容器の底にラップを敷き、すべての材料を入れてよく混ぜる。
2 電子レンジ（600W）で2分加熱する。
3 そのまま5分置いて蒸らす。

memo
きな粉ではなく、ベビーフードのとうもろこしフレークや黒ごまなどでも。

主食

電子レンジ　冷凍OK　混ぜるだけ

きな粉蒸しパン （17min.）

材料（4食分）
薄力粉 …80g
ベーキングパウダー…4g
きな粉 …20g
牛乳（または豆乳）…100mℓ
無塩バター…10g
砂糖 …小さじ1

1 バターは耐熱容器に入れ、電子レンジ（600W）で30秒加熱する。
2 すべての材料を混ぜて、薄く油（分量外）を塗った耐熱の小分け容器に入れる。
3 フライパンにキッチンペーパーを敷いてから水を1cmほど入れる。
4 火にかけて沸騰したら2を置いて、ふたをし、弱火で12分蒸す。
5 竹串をさして生地がついてこなければ完成。食べない分は冷凍する。

主食

フライパン　包丁いらず　冷凍OK

ほうれん草バナナ蒸しパン （17min.）

材料（4食分）
薄力粉 …80g
ベーキングパウダー…4g
バナナ …40g
ほうれん草 …20g
牛乳（または豆乳）…80mℓ

1 ほうれん草はゆでてみじん切りにし、バナナはつぶす。
2 すべての材料を混ぜて、薄く油（分量外）を塗った耐熱の小分け容器に入れる。
3 フライパンにキッチンペーパーを敷いてから水を1cmほど入れる。
4 火にかけて沸騰したら2を置いて、ふたをし、弱火で12分蒸す。
5 竹串をさして生地がついてこなければ完成。食べない分は冷凍する。

主食　副菜

フライパン　冷凍OK

さつまいも蒸しパン （25min.）

材料（4食分）
薄力粉 …80g
ベーキングパウダー…4g
さつまいも …50g（正味量）
牛乳（または豆乳）…80mℓ
無塩バター…10g
砂糖 …小さじ1
黒すりごま …大さじ½

memo
食べない分は、1つずつラップに包んで冷凍しておくと便利

1 さつまいもは皮をむき、1cm角に切って水に10分ほどさらす。電子レンジ（600W）で2分加熱する。
2 バターは耐熱容器に入れ、電子レンジで30秒加熱する。
3 1の半量とその他のすべての材料を混ぜて、薄く油（分量外）を塗った耐熱の小分け容器に入れ、1の残りを上にのせる。
4 フライパンにキッチンペーパーを2枚敷いて水を2cmほど入れる。
5 火にかけて沸騰したら3を置いて、ふたをし、弱火で12分蒸す。食べない分は冷凍する。

主食

フライパン　冷凍OK

fromみきてぃ　娘は後期になると、イスの上に立つブームが始まりましたが、チェアベルトで固定すると、食事に集中することができました。

にんじんパンケーキ （10min.）

材料（2食分）
薄力粉 … 40g
バナナ … 50g
にんじん … 30g
牛乳（または豆乳）… 50㎖
ベーキングパウダー … 2g

memo

1でにんじんを同量のゆでほうれん草にするだけでほうれん草風味に。

1 にんじんは薄切りにし、バナナとともにブレンダーやミキサーなどで細かくする。
2 1に薄力粉、牛乳、ベーキングパウダーを加えて混ぜる。
3 フライパンで¼量ずつ両面を焼く。食べない分は冷凍する。

主食　副菜

冷凍OK　フライパン

豆腐パンケーキ （10min.）

材料（4食分）
薄力粉 … 80g
ベーキングパウダー … 4g
絹ごし豆腐 … 80g
豆乳（または牛乳）… 80㎖
砂糖 … 小さじ1

memo

やわらかいので、9か月ごろの手づかみ食べにオススメ！

1 豆腐はよくつぶして、泡立て器などでなめらかにする。
2 残りの材料をすべて加えてよく混ぜる。
3 フライパンを熱し、2を⅛量ずつ流し入れ、弱火で両面を焼く。食べない分は冷凍する。

主食　主菜

フライパン　包丁いらず　冷凍OK

マカロニ黒ごまきな粉 （10min.）

材料（1食分）
マカロニ（早ゆでタイプ）
　…15g（9か月ごろ〜）または
　　25g（10か月ごろ〜）
きな粉
　…小さじ1（9か月ごろ〜）、または
　　小さじ1と½（10か月ごろ〜）
黒すりごま … 小さじ½
砂糖 … 小さじ¼

1 耐熱ボウルにマカロニとたっぷりの水（分量外）を入れ、電子レンジ（600W）で6分（ゆで時間＋4分）加熱する。
2 1とその他の材料を混ぜる。
3 キッチンばさみなどで1㎝ほどに切る。

主食

電子レンジ　混ぜるだけ

主菜

レンジ加熱のお約束

・特に記載がない限り、食材は耐熱容器に入れ、ふわりとラップをしてから加熱してください。
・解凍するときは、1食分につき30秒から試してみて、アツアツになるまでしっかり加熱をします。

主菜　副菜

フライパン　冷凍OK

豆腐ハンバーグ （10min.）

材料（4食分）

鶏ひき肉（または豚ひき肉）
　…50 g
絹ごし豆腐 …50 g
玉ねぎ …20 g
にんじん …20 g
コーン …20 g
片栗粉 … 大さじ1と½
みそ … 小さじ¼

1 玉ねぎとにんじん、コーンはみじん切りにして、水大さじ1（分量外）と電子レンジ（600 W）で2分加熱する。

2 粗熱が取れたら、すべての材料を加えて混ぜる。

3 2を4等分し、フライパンで両面に焼き色をつけ、ふたをして蒸し焼きにする。

4 1食分を食べやすい大きさに切り、食べない分は冷凍する。

主菜　副菜

フライパン　冷凍OK

主菜　副菜

フライパン　冷凍OK

肉みそ＆ミートソース （15min.）

材料（4食分＋4食分）

豚ひき肉 …120 g
玉ねぎ …40 g
にんじん …40 g
ブロッコリー …40 g
えのき（またはしいたけ）…40 g

肉みそ

A｜野菜スープ（または水）…150㎖
　みそ … 小さじ½
　砂糖、しょうゆ … 各小さじ¼
　ごま油 … 小さじ½
片栗粉 … 大さじ½
水 … 大さじ1

ミートソース

B｜トマトペースト …½本（9 g）
　野菜スープ（または水）…150㎖
　ベビーコンソメ … 小さじ2
　トマトケチャップ … 小さじ½
　しょうゆ … 3滴
片栗粉 … 大さじ½
水 … 大さじ1

1 玉ねぎ、にんじん、ブロッコリー、えのきをみじん切りにして、水大さじ1（分量外）と電子レンジ（600 W）で3分加熱する。

2 フライパンで豚ひき肉と1をよく炒める。

3 2を半分に分ける。

4 **肉みそ**
3の半量にAを加えて煮る。

ミートソース
3のもう半量にBを加えて煮る。

5 汁気が少し減ったら火を止め、それぞれに水溶き片栗粉を加えて、とろみをつける。食べない分は冷凍する。

memo

同じ具材で肉みそとミートソースを4食分ずつ作ります。ミートソースはホワイトソースや粉チーズを足して味変もできる！

肉は脂質の少ないひき肉、魚はツナや缶詰、豆類は豆腐が使いやすく、
食べやすいのでオススメです。卵を使うときは、
卵黄、卵白の順に少量ずつ試してから。しっかり加熱して与えましょう。

れんこんツナひじき ハンバーグ

10min.

材料（4食分）
れんこん…80g
ツナ缶（汁気を切った状態）
　…60g
乾燥ひじき…1g
片栗粉…大さじ1と½
しょうゆ…小さじ½

1 れんこんはすりおろし、ひじきは
　水で戻して細かく刻む。
2 すべての材料を混ぜ合わせ、8等
　分する。
3 クッキングシートを敷いたフライ
　パンで、2を両面焼く。食べない
　分は冷凍する。

主菜　副菜

フライパン　缶詰使用　冷凍OK

ハヤシソース＆ 肉そぼろ

15min.

材料（4食分＋4食分）
牛ひき肉…120g
玉ねぎ…100g
にんじん…30g
マッシュルーム…30g

ハヤシソース
薄力粉…小さじ2
A｜水…140ml
　｜ベビーコンソメ…小さじ2
　｜しょうゆ…小さじ½
　｜豆乳、トマトペースト
　　　…各大さじ1

肉そぼろ
B｜水…100ml
　｜しょうゆ…小さじ½
片栗粉…大さじ½
水…大さじ1

1 玉ねぎ、にんじん、マッシュルー
　ムはみじん切りにして水大さじ1
　（分量外）と電子レンジ（600W）
　で3分加熱する。
2 フライパンで牛ひき肉と1をよく
　炒める。
3 2を半分に分ける。
4 ハヤシソース
　3の半量に薄力粉を加えて混ぜた
　ら、Aを加えて煮る。
　肉そぼろ
　3のもう半量にBを加えて煮る。
　汁気が少し減ったら、火を止めて
　水溶き片栗粉を加え、とろみをつ
　ける。
5 食べない分は冷凍する。

主菜　副菜

フライパン　冷凍OK

主菜　副菜

フライパン　冷凍OK

主菜　副菜

フライパン　冷凍OK　缶詰使用

サバーグ＆サバそぼろ

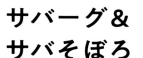 15min.

材料（4食分＋4食分）
サバ缶（汁気を切った状態）
　…120g
にんじん…100g
小松菜…40g
乾燥ひじき…2g
しょうゆ…小さじ½

サバーグ

A｜豆腐…50g
　｜片栗粉…大さじ2
　｜青のり…小さじ2

サバそぼろ

B｜しょうゆ…小さじ½
　｜すりごま…小さじ2

memo

サバそぼろにとろみをつけたいときは、**5**で水100mℓを加えて煮て、水溶き片栗粉（片栗粉小さじ1、水小さじ2）でとろみをつけます。

1　ひじきは水で戻して細かく切る。
2　サバは骨を取り、細かくほぐす。にんじん、小松菜はみじん切りにする。
3　**1**と**2**、しょうゆを混ぜ合わせ、電子レンジ（600W）で6分加熱する。
4　**3**を半分に分ける。
5　**サバーグ**
　　4の半量に**A**を混ぜて12等分し、フライパンで両面焼く。

　　サバそぼろ
　　4のもう半量をフライパンで炒め、仕上げに**B**を混ぜる。
6　食べない分は冷凍する。

主菜　副菜

フライパン　冷凍OK　缶詰使用

野菜オムレツ

10min.

材料（2食分）
玉ねぎ…20g
にんじん…20g
卵…1個
牛乳（または豆乳）…大さじ1
ベビーコンソメ…小さじ2

memo

コンソメの代わりにしょうゆ小さじ¼を入れると和風卵焼きになるよ。

1　玉ねぎとにんじんはみじん切りにして、水小さじ1（分量外）と電子レンジ（600W）で2分加熱する。
2　**1**に溶いた卵、牛乳、コンソメを入れて混ぜる。耐熱容器に入れて電子レンジで1分30秒〜2分加熱し、中まで火を通す。
3　容器から取り出し、食べやすい大きさに切る。食べない分は冷凍する。

主菜　副菜

電子レンジ　冷凍OK

fromみきてぃ　離乳食の進みは十人十色。「○か月はこれ！」と、月齢の目安通りに進まなくても大丈夫♪　その子のペースに合わせて(^^)

中華煮＆クリーム煮

(15min.)

材料（4食分＋4食分）
ツナ缶（汁気を切った状態）
　…120g
白菜…60g
玉ねぎ…40g
にんじん…40g
コーン…20g

中華煮
A　水…150ml
　　しょうゆ、砂糖…小さじ½
　　ごま油…小さじ¼
片栗粉…大さじ½
水…大さじ1

クリーム煮
豆乳（または牛乳）…150ml
薄力粉…大さじ1
ベビーコンソメ…大さじ1

1　白菜、玉ねぎ、にんじん、コーンはみじん切りにする。

2　**1**を水大さじ1（分量外）と電子レンジ（600W）で3分加熱する。

3　フライパンで**2**とほぐしたツナを炒める。

4　**3**を半分に分ける。

5　中華煮
　4の半量に**A**を加えて煮立たせる。一度火を止め、水溶き片栗粉でとろみをつける。

　クリーム煮
　4のもう半量にコンソメ、薄力粉の順に入れて軽く炒め、最後に豆乳を加えて煮立たせる。

6　食べない分は冷凍する。

主菜　副菜

フライパン　冷凍OK　缶詰使用

主菜　副菜

フライパン　冷凍OK　缶詰使用

＼ 味変アレンジに使える！
手作りソースをつくりおき ／

ホワイトソースの作り方

☑ 1食分（大さじ1）ずつ冷凍

材料（7食分）
牛乳…100ml
無塩バター…10g
薄力粉…大さじ1
ベビーコンソメ
　…小さじ2

memo
牛乳の代わりに豆乳
やミルクでもOK！

アレンジメニュー
チキンライス風炊き込みごはん
（→p.83）＋ホワイトソース

1　バターを電子レンジ（600W）で30秒加熱する。

2　**1**に薄力粉、コンソメを入れて混ぜ、牛乳を少しずつ入れて泡立て器でよく混ぜる。

3　電子レンジで1分加熱し、混ぜてからさらに30秒加熱する。

＼ ドリア風に！ ／

オールインワン

レンジ加熱のお約束

・特に記載がない限り、食材は耐熱容器に入れ、ふわりとラップをしてから加熱してください。
・解凍するときは、1食分につき30秒から試してみて、アツアツになるまでしっかり加熱をします。

主食　主菜　副菜

フライパン　冷凍OK

納豆お好み焼き 〔15min.〕

材料（3食分）
薄力粉 … 60g
キャベツ … 70g
にんじん … 20g
ひきわり納豆 … 45g
卵 … 1個
水 … 大さじ1
しょうゆ … 小さじ¼
青のり … 小さじ1
かつお節 … 2つまみ

1 キャベツとにんじんはみじん切りにする。
2 にんじんは水大さじ1（分量外）をふり、電子レンジ（600W）で1分加熱する。
3 すべての材料をよく混ぜて3等分し、フライパンで両面に焼き色をつける。ふたをして蒸し焼きにし、火を通す。
4 手づかみサイズに切り、食べない分は冷凍する。

主食　主菜　副菜

炊飯器　冷凍OK

わかめしらす炊き込みごはん 〔10min.〕

材料（5食分）
米 … ½合
しらす … 75g
乾燥わかめ … 2.5g
にんじん … 50g
大根 … 50g
しいたけ … 25g
昆布 … 1〜2cm
しょうゆ … 小さじ½
水 … 450ml

1 しらすは湯をかけて塩抜きをする。わかめは水で戻して細かく切る。にんじん、大根、しいたけはみじん切りにする。
2 炊飯釜にすべての材料を入れて軽く混ぜ、おかゆモードで炊く。
3 5等分し、食べない分は冷凍する。

主食　主菜　副菜

炊飯器　冷凍OK

鮭ときのこの炊き込みごはん 〔10min.〕

材料（5食分）
米 … ½合
生鮭 … 75g
にんじん … 50g
コーン … 50g
えのき … 50g
昆布 … 1〜2cm
無塩バター … 10g
みそ … 小さじ1
水 … 450ml

1 にんじん、コーン、えのきはみじん切りにする。
2 炊飯釜にすべての材料を入れて軽く混ぜ、おかゆモードで炊く。
3 鮭の骨、皮を取ってほぐす。
4 5等分し、食べない分は冷凍する。

memo
生鮭の代わりにサーモン刺身を使ってもOK！

炭水化物、たんぱく質、脂質、ビタミン、ミネラルが一度に摂れる
オールインワン料理は忙しいときの強〜い味方！
これ1品で1食としてOK！ 余裕があればスープを添えても◯。

ひじきツナ炊き込みごはん ⏱ 10min.

材料（5食分）
米 … ½合
ツナ缶（汁気を切った状態）
　…75g
乾燥ひじき … 2g
にんじん … 75g
いんげん … 50g
昆布 … 1〜2cm
しょうゆ … 小さじ½
水 … 450ml

1　ひじきは水で戻して細かく切る。
2　にんじんといんげんはみじん切りにする。
3　炊飯釜にすべての材料を入れて軽く混ぜ、おかゆモードで炊く。
4　5等分し、食べない分は冷凍する。

memo
無塩のサバ缶を使っても◎。さらにコクが出るよ。

`主食` `主菜` `副菜`
`炊飯器` `冷凍OK`

ひき肉さつまいも 炊き込みごはん ⏱ 10min.

材料（5食分）
米 … ½合
鶏ひき肉 … 75g
さつまいも … 50g
玉ねぎ … 50g
にんじん … 50g
昆布 … 1〜2cm
しょうゆ … 小さじ½
水 … 450ml

1　さつまいもは1cm角に切り、水にさらす。
2　玉ねぎ、にんじんはみじん切りにしてひき肉、しょうゆを混ぜる。
3　炊飯釜にすべての材料を入れて軽く混ぜ、おかゆモードで炊く。
4　5等分し、食べない分は冷凍する。

`主食` `主菜` `副菜`
`炊飯器` `冷凍OK`

チキンライス風 炊き込みごはん ⏱ 10min.

材料（5食分）
米 … ½合
牛ひき肉（または鶏ひき肉）…75g
玉ねぎ … 50g
にんじん … 50g
コーン … 30g
ブロッコリー（またはピーマン）… 20g
ベビーコンソメ … 大さじ1と½
トマトペースト … 2本（36g）
水 … 450ml

1　玉ねぎ、にんじん、コーン、ブロッコリーはみじん切りにする。
2　炊飯釜にすべての材料を入れて軽く混ぜ、おかゆモードで炊く。
3　5等分し、食べない分は冷凍する。

`主食` `主菜` `副菜`
`炊飯器` `冷凍OK`

fromみきてぃ レシピは5倍がゆと同じ固さ。軟飯と同じにする場合は、米1合、水360mlにして、普通モードで炊いてね（他はそのまま）。

スープ

野菜がたくさん摂れるスープは栄養バランスを整えるのに最適。
和風・洋風ベースのスープを作って最後に味つけを変えると、8種類
のスープが一度に完成。たくさん作って、冷凍しておきましょう。

野菜スープ 和風 （炊飯器）（冷凍OK）

和風ベースを16食分作ってから
4等分し、3つに別の味つけをすると、
一度に4種類の汁物ができる！

和風ベース （10min.）（スープ ）

材料（4×4食分）
玉ねぎ…200g
にんじん…100g
大根…75g
しいたけ…25g
昆布…½枚
水…700㎖

1 玉ねぎ、にんじん、大根は8㎜角に切り、しいたけはみじん切りにする。
2 炊飯釜にすべての材料を入れて普通に炊く。
3 炊きあがった3をスープごと4等分し、1つはそのままで完成。

4等分した残りの3つに……

＋
しょうゆ小さじ½

＋
みそ小さじ½

＋
豆乳100㎖
みそ小さじ½

すまし汁 （4食分）

4 4等分したうちの1つにしょうゆを加えて混ぜる。

みそ汁 （4食分）

4 4等分したうちの1つにみそを溶き混ぜる。

豆乳みそ汁 （4食分）

4 4等分したうちの1つのスープを取り除き、豆乳を加え、みそを溶き混ぜる。

fromみきてぃ 娘が1年半毎日飲み続けた、インスタで一番人気だった秘伝のスープをパワーアップ！　1歳以降は昆布を干ししいたけに変えても。

野菜スープ 洋風

`炊飯器` `冷凍OK`

洋風ベースを16食分作ってから
4等分し、3つに別の味つけをすると、
一度に4種類のスープができる！

洋風ベース `10min.` `スープ`

材料（4 × 4食分）
玉ねぎ…150g
にんじん…150g
ブロッコリー…50g
マッシュルーム…50g
ベビーコンソメ
　　…大さじ2
水…700㎖

1　玉ねぎ、にんじん、ブロッコリーは8㎜角に切り、マッシュルームはみじん切りにする。

2　炊飯釜にすべての材料を入れて普通に炊く。

3　炊きあがった3をスープごと4等分し、1つはそのままで完成。

4等分した残りの3つに……

\+   \+   \+

トマトペースト18g   豆乳50㎖   豆乳50㎖
コーンパウダー大さじ2

トマトスープ
（4食分）

4　4等分したうちの1つにトマトペーストを加えて混ぜる。

クリームスープ
（4食分）

4　4等分したうちの1つに豆乳を加えて混ぜる。

コーンクリームスープ
（4食分）

4　4等分したうちの1つに豆乳、コーンパウダーを加えて混ぜる。

レンチンポタージュ

材料（5食分）
にんじん、またはかぼちゃ
　　…100g
豆乳…100㎖
ベビーコンソメ
　　…小さじ2
無塩バター…3g

1　にんじん、またはかぼちゃは小さく切る。

2　水大さじ2（分量外）をふり、電子レンジ（600W）でかぼちゃは4分、にんじんは6分加熱する。

3　粗熱が取れたら、残りの材料を加え、ブレンダーやミキサーなどでなめらかにする。

`from みきてぃ`　野菜スープはそのまま飲ませても、うどんやパスタにかけても◎。ツナ缶を足せば立派なオールインワンレシピの完成★

サラダ・おやき

野菜ポテト

(10min.) (フライパン) (冷凍OK) (副菜)

材料（4食分）
じゃがいも …40 g
にんじん …10 g
ブロッコリー…10 g
ベビーコンソメ
　…小さじ1
〈おやきにするなら〉
片栗粉 … 小さじ1

1 じゃがいも、にんじんはゆでてつぶす。ブロッコリーは細かく刻む。

2 1とベビーコンソメを混ぜ合わせる。

3 おやきにする場合は片栗粉を混ぜて8等分にし、フライパンで両面を焼く。

コーンポテト

(10min.) (フライパン) (冷凍OK) (副菜)

材料（4食分）
じゃがいも …40 g
コーン …20 g
青のり … 小さじ1
粉チーズ … 小さじ½
〈サラダにするなら〉
牛乳 … 小さじ1
〈おやきにするなら〉
片栗粉 … 小さじ1

1 じゃがいもはゆでてつぶし、刻んだコーン、青のり、粉チーズを混ぜる。

2 サラダにする場合は温めた牛乳を混ぜる。

3 おやきにする場合は片栗粉を混ぜて8等分にし、フライパンで両面を焼く。

さつまいもりんご

(10min.) (フライパン) (冷凍OK) (副菜)

材料（4食分）
さつまいも …40 g
りんご …20 g
きな粉 … 小さじ1
〈おやきにするなら〉
片栗粉 … 小さじ1

ゆでる代わりに

さつまいもはアク抜きし、かぶるくらいの水に入れてレンジで4分。

1 さつまいもは輪切りにしてゆでる。りんごは小さく切って電子レンジ（600W）で30秒加熱する。

2 1のさつまいもをつぶしてりんご、きな粉と混ぜる。

3 おやきにする場合は片栗粉を混ぜて8等分にし、フライパンで両面を焼く。

さつまいもバナナ

(10min.) (フライパン) (冷凍OK) (副菜)

材料（4食分）
さつまいも …40 g
バナナ …20 g
黒ごま … 小さじ½
〈おやきにするなら〉
片栗粉 … 小さじ1

1 さつまいもは輪切りにしてゆでる。バナナは電子レンジ（600W）で20秒加熱する。

2 1のさつまいもをつぶしてバナナ、黒ごまと混ぜる。

3 おやきにする場合は片栗粉を混ぜて8等分にし、フライパンで両面を焼く。

野菜がたっぷり食べられる、サラダは片栗粉を足して
手づかみ食べにもオススメのおやきに変身。
クッキングシートやフライパン用ホイルを敷いて焼けば油なしでOK。

かぼちゃレーズン

（10min.）（フライパン）（冷凍OK）（副菜）

材料（4食分）
かぼちゃ…40g
レーズン…6粒
きな粉、牛乳
　…各小さじ1
〈おやきにするなら〉
片栗粉…小さじ1

1 かぼちゃは小さく切って
ゆでる。レーズンはみじ
ん切りにする。

2 1のかぼちゃをつぶして
レーズン、きな粉、牛乳
と混ぜる。

3 おやきにする場合は片栗
粉を混ぜて8等分にし、
フライパンで両面を焼く。

かぼちゃブロッコリー

（10min.）（フライパン）（冷凍OK）（副菜）

材料（4食分）
かぼちゃ…40g
ブロッコリー…10g
粉チーズ…小さじ½
牛乳…小さじ1
〈おやきにするなら〉
片栗粉…小さじ1

1 小さく切ったかぼちゃ、
ブロッコリーはゆでる。

2 1のかぼちゃをつぶして
細かく刻んだブロッコリ
ー、残りの材料と混ぜる。

3 おやきにする場合は片栗
粉を混ぜて8等分にし、
フライパンで両面を焼く。

もちもちにんじん豆腐

（10min.）（フライパン）（冷凍OK）（包丁いらず）（副菜）

材料（4食分）
にんじん…40g
豆腐…40g
粉チーズ…小さじ½
〈おやきにするなら〉
片栗粉…大さじ1

1 にんじんはすりおろして
豆腐、粉チーズと混ぜる。

2 1を耐熱容器に入れて電
子レンジ（600W）で2分
加熱する。

3 おやきにする場合は片栗
粉を混ぜて8等分にし、
フライパンで両面を焼く。

もちもちかぼちゃ豆腐

（10min.）（フライパン）（冷凍OK）（副菜）

材料（4食分）
かぼちゃ…40g
豆腐…40g
〈おやきにするなら〉
片栗粉…大さじ1

1 かぼちゃはゆでる。

2 1に豆腐を加えつぶし
ながら混ぜる。

3 おやきにする場合は片栗
粉を混ぜて8等分にし、
フライパンで両面を焼く。

ゆでる代わりに

かぼちゃはレンジで
3分加熱。

イベントごはん

一年に一度しかない特別な日だから。
目にもおいしいレシピにチャレンジ！
子どもの発達に合わせて、必要なら食べるとき
に小さく切ってあげよう。

クリスマス

Xmasプレート

（1歳〜）

材料（子ども1人分より多め）
〈トナカイ顔：ケチャップライス〉
| ご飯 … 80g
| ケチャップ … 大さじ1
| れんこん … 1切れ
| ミニトマト … ½個
| スライスチーズ … 1枚
| 焼きのり … 適量
〈トナカイ胴体：ハンバーグ〉
| あいびき肉 … 30g
| 玉ねぎ … 10g
| 牛乳 … 小さじ1、パン粉 … 5g
| 塩 … ひとつまみ
〈ツリー：マッシュポテト〉
| じゃがいも … ½個（80g）
| ブロッコリー … 1房（20g）
| にんじん … 1切れ（5mm）
| コーン … 適量、牛乳 … 大さじ1
| バター … 5g
| マヨネーズ … 小さじ2
| 塩 … ひとつまみ
〈サンタクロース〉
| いちご … 2個、黒ごま … 4粒
| 水切りヨーグルト … 20g

作り方

ケチャップライス

1 ご飯とケチャップを混ぜて丸く形を作る。
2 薄く切ったれんこんはさらに半分に切り、両面を焼く。
3 チーズとのりは目の形に切り、ミニトマトは、1の上にのせる。
　※ミニトマトは食べるときに小さく切る。

ハンバーグ

1 玉ねぎはみじん切りにして耐熱容器に入れ、電子レンジ（600W）で30秒加熱する。
2 1と残りの材料を混ぜてよくこね、丸く形にする。
3 2をフライパンに入れ、ふたをして火が通るまで焼く。

マッシュポテト

1 じゃがいもは水でぬらし、ラップをして電子レンジで3分加熱する。ブロッコリーとにんじんは水大さじ2（分量外）と電子レンジで2分加熱する。
2 ブロッコリーは細かくほぐし、にんじんは星形に抜く。
3 1のじゃがいもはつぶして残りの材料と混ぜてツリーの形にし、2とコーンを飾る。

サンタクロース

1 いちごはヘタを取り、横半分に切る。
2 1のいちごに水切りヨーグルトを挟んで、てっぺんにもヨーグルトをのせる。
3 最後に黒ごまで目をつける。

白みそ雑煮 (1歳〜)

お正月

材料（子ども1人分）
大根 … 6cm（120g）
片栗粉 … 大さじ1
鶏もも肉 … 30g
にんじん … 10g
小松菜 … 1本（10g）
かまぼこ … 1枚
粉末だし（無塩）… 小さじ½
白みそ … 小さじ2
水 … 200㎖

1 大根はすりおろして汁を絞り、50gにする。片栗粉を混ぜて丸くし、フライパンに油（分量外）を敷いて焼く。

2 にんじんは輪切りにして花形に抜き、鶏肉、小松菜、かまぼこは小さく切る。

3 なべに水と粉末だし、鶏肉、にんじんを入れて火が通るまで煮る。沸騰したらアクを取り、小松菜、かまぼこ、1を入れて軽く煮る。

4 白みそを溶き入れて完成。

桃の節句

ひしもちごはん (1歳〜)

材料（子ども1人分より多め）
ご飯 … 100g
鮭の刺身
　… 3切れ（約30g）
卵 … ½個
A｜砂糖 … 小さじ½
　｜塩 … ひとつまみ
青のり … 大さじ½
刻みのり … ひとつまみ
塩 … 適量

1 鮭の刺身に軽く塩をふり、トースターで3分焼き、ほぐす。

2 卵にAを入れて混ぜ、薄焼き卵を作り、細切りにする。

3 ご飯を2つに分け、1つに軽く塩をふり、もう1つに青のりを混ぜる。

4 洗った牛乳パックを5cmくらいの高さに切っておき、青のりご飯→白ご飯→鮭→薄焼き卵の順に、ギュッと押しながらのせていく。

5 牛乳パックを外し、のりを飾る。

端午の節句

こいのぼりサンド (1歳〜)

材料（子ども1人分より多め）
食パン（8枚切）… 2枚
いちごジャム、
　ブルーベリージャム、
　マーマレード … 適量
ぶどう … ½粒

1 食パンの耳を切り落とし、パン1枚を3等分にして鯉のぼりの形を作る。もう1枚も同じようにする。

2 上になる3つに、型抜きで穴を開ける。

3 下になるほうの食パンにジャムを塗り、2のパンをのせる。

4 1で切ったパン耳、3、ぶどうを皿に並べる。ぶどうは食べるときに¼にカットする。

七夕

キラキラにゅうめん 1歳〜

材料（子ども1人分）
そうめん … ⅔束
にんじん … 1cm
オクラ … ½本
卵 … ½個
A 砂糖 … 小さじ½
　 塩 … ひとつまみ
水 … 200ml
めんつゆ（3倍濃縮）
　 … 小さじ2

1 にんじんは輪切りにして星形に抜いてオクラとゆで、オクラは小口切りにする。
2 そうめんはゆでる。容器に水、めんつゆを入れて混ぜる。
3 卵にAを入れて混ぜ、薄焼き卵を作り、星形に抜く。
4 そうめんにつゆをかけて具を上に飾る。

memo
そうめんは、子どもの成長に応じて、短く切ってね。

離乳食プレート 5か月〜

材料（子ども1人分より多め）
10倍がゆ … 30g
にんじん … 20g
かぼちゃ … 20g
キャベツ … 20g
ブロッコリー … 20g
トマト … 20g
とろみのもと … 適量

1 10倍がゆを作る（→p.22）。
2 離乳食用に、にんじん、かぼちゃ、キャベツ、ブロッコリー、トマトを加熱し、なめらかにする。
3 とろみのもとを2のそれぞれに少しずつ足してとろみをつける。
4 皿に、1、3を飾りつける。

memo
プレートの文字は、アイシング用の絞り袋（コルネ）を使って書くとかんたんだよ！

ハーフバースデー

誕生日

食パンケーキ 1歳〜

材料（子ども1人分より多め）
食パン（8枚切り）… 3〜4枚
水切りヨーグルト … 120g
バナナ … ¼本（30g）
いちご … 3個（40g）
市販のたまごボーロ … 適量

1 大きめの丸皿とそれより小さいコップなどを使い、食パンを丸い形に大小2枚ずつ抜く。
2 バナナは輪切りに、いちごは細かく刻む。
3 1の大きいパン1枚にヨーグルトを塗って2のバナナをのせ、大きいパンを1枚重ねる。さらにヨーグルト、小さいパン1枚、ヨーグルト、小さいパンと重ね、ケーキの形にする。
4 全体にヨーグルトを塗り、2のいちご、たまごボーロを飾る。

幼児食

子どもがパクパク食べて、栄養たっぷり！
ちょいアレンジで、
家族みんなでおいしく食べられる！
そんな、とりわけごはんレシピを
たくさんご用意しました！
炊飯器、オーブン、電子レンジと、
そばにつきっきりでいなくても調理できる
家電を活用することで、
ほんの少しでも時間や心に余裕ができ、
子どもと過ごす心おだやかな瞬間が増えたら
うれしいです。

1～6歳

主食、主菜、副菜・スープのほか、
パン・おにぎり、おやつなど、
バラエティ豊かなレシピを揃えました！
子ども用に薄味で調理をし、
大人はあとで「ちょい足し」するのが基本です。

- 子どもが食べられる食材の大きさ、固さ、量には個人差があります。子どもに合わせて食べやすいように調節してください。
- 基本的に1歳から食べられる味つけのレシピのみを掲載していますが、写真の大きさは2歳以上の子どもを想定しています。子どもの年齢や発達に合わせてキッチンばさみで切って与えるなど、子どもが食べやすい大きさにしてください。
- 食物アレルギーの診断を受けている、または疑いのある場合、体調が悪い場合などは、必ず医師の指導に基づいて進めてください。
- 子ども1人分の量は、大人の半分～⅔程度を想定しています。
- 子ども向けで、大人も食べられる薄味を基本としていますが、調味料に慣れていない子の場合はさらに減らしたり、大人用の味つけは足したりするなど、ご家族に合わせて好みで加減してください。
- 冷凍OKのレシピを子どもに食べさせるときは、2週間が保存期間の目安です。大人が食べる場合も1か月くらいまでに食べ切るようにしてください。

離乳食が完了したら、幼児食の始まりです。
1歳半までは「幼児食への移行期」と考えて、
子どもの成長を見ながら進めていきましょう。

タイムスケジュール例

5:00

6:00

7:00 ●━━🍴 1回目 朝食

8:00

9:00

10:00 ●━━🍪 1回目 おやつ　3歳ごろまで

11:00

12:00 ●━━🍴 2回目 昼食

13:00

14:00

15:00 ●━━🍪 2回目 おやつ

16:00

17:00

18:00 ●━━🍴 3回目 夕食

19:00

20:00

21:00

22:00

▶ 食べさせ方

1歳〜1歳半

なんでもつかんで食べたい意欲のある時期です。パンや、ゆで野菜をスティック状にしたり、ごはんをおにぎりにして、持ちやすい形や大きさにしてあげます。

1歳半〜3歳

スプーン・フォークを使って自分で食べられるようになります。最初はスプーンに食べものをのせてあげて、口に運ぶ練習から。徐々に自分ですくえるようになります。

3歳〜6歳

3歳ごろからはしで食べる練習を始め、およそ5歳ごろには使えるようになります。ほどよい固さのあるもの、大きめにカットしたものを用意してあげましょう。

▶ 味つけ

基本的には大人と同じ食事ができるようになるので、バター、油、マヨネーズ、ケチャップなどの調味料のほか、コンソメや鶏がらスープの素、めんつゆなども使えるようになります。あえて積極的に摂る必要はありませんが、使用する場合は、薄味を意識して成長と発達に応じて少しずつ使いましょう。

▶ 大きさ・固さ

1歳〜1歳半

奥歯が生えてきますが、まだ歯ぐきでかみつぶすのが中心です。

`固さ` 肉だんご程度

`大きさ` 1cm程度の角切りやいちょう切り、スティック状など

1歳半〜3歳

奥歯が4本生え揃い、食べものをすりつぶせるようになります。

`固さ` りんご程度

`大きさ` 2.5cm大の角切りや乱切り、スプーンにのるくらいに

3歳〜6歳

乳歯が20本生え揃い、かみ合わせができるようになります。

`固さ` りんご程度

`大きさ` 3cm大〜ほぼ大人と同じ大きさの短冊切りなど

▶ 食への関心

1歳〜1歳半

手づかみ食べを中心に、自分で食べたい気持ちを育ててあげることが大切です。食べ汚しが絶えない時期ですが、子どもにとっては練習のうち。シートを敷いて片づけやすくするなどの工夫で乗り切りましょう。

1歳半〜6歳

食べむらや好き嫌いが出てくる時期です。盛りつけを変えたり、きのこをほぐすなど、できる範囲のお手伝いで気持ちが変わることもあります。あまり食べなくても思い詰めずに、のんびりといきましょう。

▶ 一食分の目安量

	1歳〜1歳半	1歳半〜3歳	3歳〜6歳
炭水化物	軟飯やご飯…80g	ご飯…90〜120g	ご飯…150g
たんぱく質 （いずれか）	魚や肉…15〜20g 豆腐…50〜55g 卵…全卵½〜⅔個 乳製品…100g	魚や肉…20〜30g 豆腐…75g 卵…全卵⅔個 乳製品…150g	魚や肉…30〜40g 豆腐…90g 卵…全卵1個 乳製品…200g
ビタミン・ ミネラル	野菜・果物 …40〜50g	野菜…50〜60g 果物…30g	野菜…60〜70g 果物…40〜50g

献立の立て方

離乳食後期と同様、栄養バランスを考えて、
主食＋主菜＋副菜・スープを選びます（→p.72）。

▶ 基本の献立

POINT

ご飯に肉・魚のおかず、野菜が摂れるサラダやスープ
や副菜をつけてバランスよく組み立てましょう。彩り
をよくすると、目にも楽しく食欲が増します。食が細
い場合は量を少なくして、「完食できた！」達成感を
まずは得られるようにします。

1

主食	ご飯
主菜	豆腐ハンバーグ（→p.126）
副菜	大根マヨサラダ（→p.133）

2

主食	ご飯
主菜	鶏肉と野菜のオーブン焼き（→p.123）
スープ	オニオンスープ（→p.108）

3

主食	ご飯
主菜	豚肉とりんごのオーブン焼き（→p.125）
副菜	ほうれん草の白和え（→p.132）

▶ 時間がない日のごはん

POINT

お出かけの前後やイヤイヤ対応に疲れたとき
などは、品数を減らせるオールインワン料理
のみ、または主食＋スープでOK！ 時間の
あるときにつくりおきしておくと、もっと時
短になります。物足りない子には、野菜ステ
ィックやフルーツをプラス！

1

主食	主菜	副菜

レンチン鉄分チャーハン（→p.113）

スープ

具だくさんポトフ（→p.108）

▶ 具だくさんごはん＆おかず

POINT

具も栄養もたっぷりのご飯に、主菜と副菜を組み合わせたメニュー。ほかの食事であまり栄養が摂れなかったときなどの調整にも使えます。嫌いなものや偏食がある子は、同じ栄養素で食べられる食材に置き換えても◎。主食は普通の白いご飯でも栄養的には十分！

1

主食 **まるごとトマトごはん**（→p.119）

主菜 **スパニッシュオムレツ**（→p.129）

スープ **鉄分とれチャウダー**（→p.109）

2

主食 **鮭みそバターごはん**（→p.118）

主菜 **辛くないマーボー豆腐**（→p.126）

副菜 **春雨サラダ**（→p.133）

3

主食 **まるごとブロッコリーごはん**（→p.118）

主菜 **のり塩ささみスティック**（→p.124）

副菜 **かぼちゃサラダ**（→p.134）

4

主食 **しらすわかめごはん**（→p.118）

主菜 **鶏のみそ焼き**（→p.122）

副菜 **ひじきサラダ**（→p.134）

2

主食 主菜 副菜
ラクちんタコライス（→p.114）

スープ
ミルクスープ（→p.109）

3

主食 主菜 副菜
炊飯器鶏ピラフ（→p.110）

とりわけ と つくりおき

1歳を過ぎると、基本的には大人と同じものが食べられますが、
味つけや固さ・大きさなどは、突然同じにするのではなく
徐々に近づけていく必要があります。
小さい子どもがいてもササッとごはんが用意できる、
「とりわけ」「つくりおき」のコツや注意点を知っておこう！

とりわけ

調理の途中でとりわけて、
味つけをチェンジ。
子どもと同じメニューで
食事ができます。

1 味つけをする前に 2つに分ける

炒めものや煮物など、最後に味つけ
をする前にとりわけ、子ども用と大
人用でなべや容器を変えて、子ども
用だけ薄味に、と違う味つけをします。

2 子ども用は薄める 大人用は調味料をプラス

味つけ前にとりわけられないときは、
子ども用をだしや牛乳、水などで2〜
3倍にのばして薄めます。大人用にし
ょうゆなどの調味料を足しましょう。

3 子ども用食材は小さく切るか 出来上がり後にカットする

食材の大きさにも注意しましょう。
一緒に焼いたり煮たりする場合は、
出来上がり後にキッチンばさみで子
ども用の食材を小さくカットします。

つくりおき

時間のあるときにまとめて
作って冷凍しておきます。
レンチンでご飯の支度が
整います。

1 清潔な調理道具を使い、 食材はしっかり加熱する

包丁をアルコールスプレーで消毒し
たり、まな板を漂白剤で除菌するな
ど衛生管理に気をつけましょう。食
材もしっかり加熱して殺菌します。

2 調理した日付を書き、 冷凍14日以内に食べる

調理をしてから14日以内に食べるよ
うにします。大人も一緒に食べたり、
ストックを整理する日を作るといい
ですね（詳しくはp.16〜17）。

3 余裕がないときは "部分つくりおき"が◎

時間や心の余裕がないときは、「野菜
をゆでておく」「野菜や肉などをまと
め切りしておく」だけでもOK！　作
るときの手間が省けます。

気をつけたい食材リスト

○ 食べてOK、△ 調理や食べ方を工夫して、✕ できるだけ避けて。

炭水化物

	1歳〜1歳半	1歳半〜3歳	3歳〜6歳	
【米】				
玄米	△	△	○	消化に負担がかかりやすいので、おかゆにするなどしてやわらかく。
おこわ	△	○	○	消化に負担がかかりやすいので、食べ過ぎに注意して。
もち	✕	✕	△	弾力があり、誤えんの可能性があるので、3歳以降、小さく切って与えます。
【麺】				
中華麺	△	○	○	弾力がありかみにくいので1歳以降に。やわらかくゆでて刻みます。
そば	△	○	○	アレルギーがないか慎重に進め、1歳以降に。やわらかくゆでて刻みます。
【芋】				
干しいも	△	△	○	やわらかいタイプのものを、小さく切ってから与えます。
こんにゃく・しらたき	△	△	△	弾力があり、誤えんの可能性があるので、かむ力がついてから小さく切って与えます。3歳以降も慎重に。

ビタミン・ミネラル

	1歳〜1歳半	1歳半〜3歳	3歳〜6歳	
【野菜・加工品】				
たけのこ	△	△	○	繊維が多いので2歳ごろからがベスト。小さくカットします。
ミニトマト	△	△	△	誤えんの可能性があるため小さく切ってから与えます。
枝豆	△	△	△	やわらかくゆで、小さく切ってから与えます。
生野菜	△	△	△	奥歯が生え揃い、かむ力がしっかりあればスタート。小さく切ってから与えます。初めてのものは加熱して少量を。
しょうが・にんにく	△	△	△	刺激物なのでできるだけ避けます。使用する場合は少量に。
漬物	△	△	△	塩分が多いので、あげる場合は水洗いしてから少量を刻みます。
【果物】				
ぶどう	△	△	△	誤えんの可能性があるので、与えるときは小さく切ってから。
【海藻】				
わかめ	△	△	△	かまずに飲み込むと気管をふさいでしまう可能性があります。細かく切ってから与えます。

たんぱく質

	1歳〜1歳半	1歳半〜3歳	3歳〜6歳	
【肉・加工品】				
かたまり肉	△	○	○	やわらかくゆで、小さく切りましょう。
ハム・ソーセージ・ベーコン	△	△	○	塩分、脂肪分、添加物が少ないものを、小さく切ります。
【魚介・加工品】				
えび	△	○	○	弾力があり誤えんの可能性があるので、小さくカットしてから。
いか・たこ	△	○	○	弾力があり誤えんの可能性があるので、小さくカットしてから。
あさり	△	△	○	弾力があり誤えんの可能性があるので、小さくカットしてから。
うなぎ	△	△	○	かむ力が必要なので注意。小骨がささらないよう少量を細かく刻んでご飯などに混ぜます。
ちくわ・かまぼこ	△	○	○	誤えんの可能性があるので小さく切ります。塩分が多いので量に注意。

	1歳〜1歳半	1歳半〜3歳	3歳〜6歳	
干物	△	△	○	2歳半以降、奥歯が生え揃い、かみ切る力があればOKです。塩分が多いので少量。
刺身	△	△	○	新鮮なものを選びます。小さく切ってから与えます。
【卵・乳製品】				
たらこ・いくら	△	△	○	アレルギーに注意して。塩分が多いので少量。
生卵	✕	✕	✕	アレルギー反応が強く出る可能性があるため、できるだけ避けます。
【豆・加工品】				
大豆	△	○	○	やわらかくゆで、誤えんの可能性があるので小さく切って与えます。
ピーナッツ・ナッツ	✕	✕	△	アレルギーに注意し、誤飲の可能性があるので細かくするかすりつぶして。

調味料

	1歳〜1歳半	1歳半〜3歳	3歳〜6歳	
こしょう	△	△	△	刺激物なのでできるだけ避けます。使用する場合はごく少量を。
トマトケチャップ	△	○	○	味が濃く、砂糖も多いので使用する場合は少量だけ。
みりん・酒	△	○	○	加熱してアルコールをとばしてから使います。
オイスターソース	△	○	○	味が濃いので、使用する場合は少量だけ。
カレー粉	△	○	○	1歳半までに使用する場合は少量だけ。
からし・わさび	✕	✕	△	刺激物のため、できるだけ避けます。

飲料

	1歳〜1歳半	1歳半〜3歳	3歳〜6歳	
コーヒー	✕	✕	✕	カフェインが含まれているので避けます。
緑茶	△	△	△	カフェインが含まれているので、水で薄めて少量だけ。
ココア	△	△	△	ミルクココアなど糖分が多いものは避け、純ココアなどを選びます。
果汁ジュース	△	△	△	糖分が多いので習慣化しないように少量だけ。
乳酸菌飲料	△	△	△	糖分が多いので避けます。ヨーグルト（無糖）を選びます。
炭酸飲料	✕	✕	✕	刺激があり、糖分、添加物、カフェインが気になるのでできるだけ避けます。

甘味

	1歳〜1歳半	1歳半〜3歳	3歳〜6歳	
缶詰フルーツ	△	△	△	糖分が多いので、食べ過ぎに注意して少量を。
菓子パン	✕	✕	△	糖分、油分が多いのでできるだけ避け、シンプルな原料のものを選びます。
生クリーム	✕	✕	△	ホイップクリームは油分が多いのでできるだけ避けます。
チョコレート	✕	✕	△	糖分、油分が多いのでできるだけ避けます。
スナック菓子	✕	✕	△	塩分、油分が多く、誤えんの可能性もあるのでできるだけ避けます。
市販のグミ・キャンディ	✕	✕	△	糖分が多く誤えんの可能性があるので避けます。

その他

	1歳〜1歳半	1歳半〜3歳	3歳〜6歳	
ハンバーガー・市販の揚げ物・インスタントラーメン	✕	✕	△	塩分、油分が多いので3歳くらいまでは避け、以降も量に気をつけて。

朝ごはんケーキ&パン

みきてぃ's voice ## 朝ごはんに、"ケーキ"って！？

いきなり「朝ごはんケーキ」と書かれているので、驚かれた方もいるかもしれません。「ケーキ」といっても、ホイップクリームいっぱいのケーキではありません。具だくさんのパウンドケーキをわが家では「朝ごはんケーキ」と呼んでいて、困った時の定番メニューです。

娘のえれんが2歳を過ぎたころ、ある日突然、「味のない、ただの食パンなんて、食べたくないもん！」な時期がやってきました。試しに、甘さ控えめのホットケーキミックスでパンやパウンドケーキを作ってみたら、ぱくぱく食べる。「もっと食べたい〜」と泣くほど食べる。

野菜を混ぜたら、ただの食パンにはない栄養も摂れるし、作って冷凍しておけば、朝はレンジでチンするだけ！ どのレシピをとっても簡単です。朝ごはんの食いつきをよくしたい、少しでも栄養をプラスしたい、そんな方はぜひ試してみてくださいね。

レンチンオートミールパン （7min.）

材料（15cm×15cmの耐熱容器1個分）

オートミール … 40g
A ┌ 砂糖 … 小さじ1
　├ 塩 … ひとつまみ
　├ ベーキングパウダー
　└ … 小さじ1
牛乳 … 100mℓ
卵 … 1個
お好みでレーズン … 10g

1 耐熱容器にオートミール、Aを入れてよく混ぜる。
2 1に牛乳を加えて混ぜ、3分置く。
3 卵を溶き入れてさらに混ぜ、お好みでレーズンを散らす。
4 ラップをせずに電子レンジ（600W）で4分加熱する。火が通ったら、食べやすい大きさにカットする。

主食

（電子レンジ） （冷凍OK）

もちもちパン （7min.）

材料（4〜5個分）

ホットケーキミックス … 200g
ヨーグルト … 160g
レーズン … 20g

1 すべての材料を混ぜ、手頃な大きさに丸める。
2 天板にクッキングシートを敷いて1を並べ、180℃に予熱したオーブン、またはトースターで15分焼く。表面が焦げそうなときはアルミホイルをかぶせる。

memo

生地がべたつくので、密閉保存袋などに入れてもんで混ぜ、しぼるとラク！

主食

（オーブン） （包丁いらず） （冷凍OK）

ただでさえ時間がないのに寝グズリの子のお世話をしながらの
朝ごはん作りは、いつだってママ・パパの悩みの種。
ニコニコご機嫌な一日を始めるために、栄養たっぷりのケーキはいかが？

ふわふわパン　7min.

材料（4〜5個分）
ホットケーキミックス … 200g
絹ごし豆腐 … 160g
コーン … 大さじ2
油 … 小さじ1

1　すべての材料を混ぜ、手頃な大きさに丸める。
2　天板にクッキングシートを敷いて1を並べ、180℃に予熱したオーブン、またはトースターで15分焼く。表面が焦げそうなときはアルミホイルをかぶせる。

主食
オーブン　包丁いらず　冷凍OK

レンチンパン　5min.

材料（250〜280㎖サイズ1個分）
ホットケーキミックス … 50g
ヨーグルト … 大さじ3
油 … 小さじ1弱

1　マグカップにすべての材料を入れてよく混ぜる。
2　電子レンジ（600W）で1分30秒加熱する。

memo
バナナやミックスベジタブル、ウインナーやツナなどを混ぜれば栄養満点！

主食
電子レンジ　包丁いらず　冷凍OK

オートミールケーキ　5min.

材料（23㎝×10㎝×6㎝
パウンド型1台分）
オートミール … 80g
絹ごし豆腐 … 150g
バナナ … 1本（150g）
ベーキングパウダー … 小さじ1

1　すべての材料をフードプロセッサーやブレンダーなどで混ぜる。
2　クッキングシートを敷いたパウンド型に入れ、180℃に予熱したオーブンで30分焼く。

memo
パウンド型がなければオーブンで使える耐熱容器でOK！

主食
オーブン　包丁いらず　冷凍OK

野菜渋滞ケーキ（10min.）

材料（23cm×10cm×6cm
パウンド型1台分）
ホットケーキミックス … 100g
玉ねぎ … ¼個（40g）
にんじん … ⅓本（40g）
ブロッコリー … 3房（40g）
シュレッドチーズ … 30g
ベーコン … ロング2枚（40g）
コーン … 30g
牛乳 … 50mℓ
卵 … 1個
オリーブオイル … 小さじ1

主食　副菜

オーブン　冷凍OK

1　玉ねぎ、にんじん、ブロッコリー、コーンはみじん切りにする。
2　チーズとベーコンは細かく刻む。
3　ボウルにすべての材料を入れてよく混ぜる。
4　クッキングシートを敷いたパウンド型に入れ、180℃に予熱したオーブンで40分焼く。

memo
野菜はミックスベジタブル150gでも◎！

鉄分ケーキ（7min.）

材料（23cm×10cm×6cm
パウンド型1台分）
ホットケーキミックス … 150g
小松菜 … 2株（100g）
バナナ … 1と½本（220g）
牛乳 … 50mℓ
卵 … 1個
油 … 大さじ1

主食　副菜

オーブン　包丁いらず　冷凍OK

1　小松菜は細かくちぎってボウルに入れ、牛乳を加えてブレンダーなどでよく混ぜる。
2　バナナは軽くつぶして1に入れて混ぜる。
3　別のボウルで卵と油をよく混ぜ、ホットケーキミックスと2を加えて混ぜる。
4　クッキングシートを敷いたパウンド型に入れ、180℃に予熱したオーブンで30分焼く。

にんじんケーキ（5min.）

材料（23cm×10cm×6cm
パウンド型1台分）
ホットケーキミックス … 100g
にんじん … 120g（⅔本）
卵 … 2個
牛乳 … 50mℓ
油 … 大さじ1
シナモン … 少々

主食　副菜

オーブン　冷凍OK

1　にんじんはすりおろすか、フードプロセッサーで細かくする。
2　1に残りの材料を入れて混ぜる。
3　クッキングシートを敷いたパウンド型に入れ、180℃に予熱したオーブンで40分焼く。

さつまいもケーキ （10min.）

材料（23cm×10cm×6cm
パウンド型1台分）
ホットケーキミックス…100g
さつまいも…1本（250g）
バター…20g
A｜ 砂糖…大さじ2
　｜ 卵…2個
　｜ 牛乳…30㎖
黒ごま…大さじ1

1 さつまいもは皮をむいて輪切りにし、耐熱容器にかぶるくらいの水（分量外）と入れ10分さらす。

2 1の水を切って、電子レンジ（600W）で5分加熱する。

3 2が熱いうちにバターを入れてつぶしながら混ぜ、Aを加えてよく混ぜる。

4 3にホットケーキミックスと黒ごまを混ぜ、クッキングシートを敷いたパウンド型に入れて180℃に予熱したオーブンで40分焼く。

主食

オーブン　冷凍OK

りんごケーキ （7min.）

材料（23cm×10cm×6cm
パウンド型1台分）
ホットケーキミックス…100g
りんご…1個（300g）
A｜ ヨーグルト…大さじ3
　｜ 油…大さじ1
　｜ 卵…1個
お好みでレーズン…少々

1 りんごは8等分にし、薄切りにする。

2 ボウルにAを入れてよく混ぜ、ホットケーキミックスも加えて混ぜる。

3 2に1のりんごと、お好みでレーズンを入れて混ぜる。

4 クッキングシートを敷いたパウンド型に入れ、180℃に予熱したオーブンで30分焼く。

主食

オーブン　冷凍OK

揚げないドーナツ （7min.）

材料（ドーナツ型5個分）
ホットケーキミックス…100g
絹ごし豆腐…100g
牛乳…20㎖
卵…1個
きな粉…大さじ1

1 豆腐、牛乳、卵をボウルに入れてよく混ぜ、ホットケーキミックスときな粉も加えて混ぜる。

2 ドーナツ型に油（分量外）を塗り、1を入れる。

3 180℃に予熱したオーブンで15分焼く。

4 3がさめたら型から外す。

memo
ドーナツ型は100円ショップでも買えるので、1つあると便利だよ！

主食

包丁いらず　オーブン　冷凍OK

おにぎり

朝ごはんに、昼ごはんに、白いご飯では食いつきの悪い子に
おすすめしたい、ユニークで具だくさんのおにぎり。
野菜やたんぱく質を混ぜて食べやすい大きさに握れば
栄養満点！　余裕があればスープをプラスして。

しらす青のり

材料
しらす10ｇ、青のり小
さじ1

作り方
すべての材料を混ぜる。

小松菜しらす

材料
小松菜1本（10ｇ）、し
らす10ｇ、いりごま小
さじ1、ごま油小さじ¼

作り方
小松菜をはさみで切り、
電子レンジ（600W）で
20秒加熱し、ほかの材
料と混ぜる。

鮭わかめ

材料
鮭フレーク小さじ1、乾
燥わかめ小さじ1、いり
ごま小さじ1

作り方
わかめを水で戻してから
みじん切りにし、ほかの
材料と混ぜる。

鮭とろろ昆布

材料
鮭フレーク小さじ1、と
ろろ昆布ひとつまみ

作り方
すべての材料を混ぜる。

枝豆塩昆布

材料
冷凍枝豆15粒、減塩塩昆
布ひとつまみ、かつお節
1ｇ

作り方
枝豆を電子レンジ（600
W）で40秒加熱してから
小さく切り、すべての材
料を混ぜる。

枝豆油揚げ

材料
冷凍枝豆15粒、油揚げ¼
枚、塩ひとつまみ

作り方
枝豆を電子レンジ（600
W）で40秒加熱してか
ら小さく切る。油揚げは
小さく切りトースターで
3分焼く。すべての材料
を混ぜる。

ツナ天青のり

材料
ツナ缶大さじ1、天かす
大さじ1、青のり小さじ
1、めんつゆ（3倍濃縮）
小さじ⅓

作り方
ツナ缶の汁を切ってから、
すべての材料を混ぜる。

えび天コーン

材料
コーン20ｇ、天かす大
さじ1、乾燥桜えび8尾、
めんつゆ（3倍濃縮）小
さじ⅓

作り方
すべての材料を混ぜる。

　fromみきてぃ　子どもはみんなのりが好きなので（←偏った意見）、大体なんでものりを乗せると無敵！

ご飯は茶碗1杯分
（80〜100g）だよ！
子どもが食べやすい
大きさに握ろう。

焼きおにぎらず

材料（2食分）
ご飯200g、卵1個、すりごま大さじ1、白だし小さじ2、かつお節5g、ごま油適量

作り方
すべての材料を混ぜてフライパンで焼き、食べやすい大きさにカットする。

ブロみそクリチ

材料
ブロッコリー1房（15g）、いりごま小さじ1、クリームチーズ小さじ2、みそ小さじ½

作り方
ブロッコリーを電子レンジ（600W）で1分加熱し、みじん切りにする。すべての材料を混ぜる。

塩昆布クリチ

材料
減塩塩昆布小さじ1、クリームチーズ小さじ1、かつお節1g

作り方
クリームチーズを小さく切り、すべての材料を混ぜる。

チーズおかか

材料
プロセスチーズ12g、かつお節2g、しょうゆ小さじ⅓

作り方
チーズを小さく切り、すべての材料を混ぜる。

カニカマチーズ

材料
カニカマ1本、プロセスチーズ12g、いりごま小さじ1

作り方
カニカマとチーズを小さく切り、すべての材料を混ぜる。

レンジで 卵にぎり

ツナバタコーン

材料
コーン大さじ1、ツナ缶大さじ1、バター5g、めんつゆ（3倍濃縮）小さじ⅓

作り方
バターを耐熱容器に入れて電子レンジ（600W）で10秒加熱する。すべての材料を入れて混ぜる。

卵と塩昆布

材料
卵1個、マヨネーズ小さじ1/2、減塩塩昆布ふたつまみ

ハムを
小さく刻む

カルボナ　フ風

材料
卵1個、ハム1枚、粉チーズ大さじ1、マヨネーズ小さじ½

耐熱容器に、輪切りにしたウインナーを入れて水に浸し、ラップをせずに電子レンジで50秒加熱

オムライス風

材料
卵1個、ウインナー1本、ケチャップ小さじ2、マヨネーズ小さじ½

卵を使ったおにぎりの作り方

卵とマヨネーズを耐熱容器に入れて混ぜ、ふわりとラップをして電子レンジ（600W）で50秒〜1分加熱する。温かいうちに卵を混ぜたあと、ご飯と残りの材料を入れて混ぜる。

食パン・オートミール

ツナみそマヨ

材料
ツナ½缶、 マヨネーズ
小さじ1、砂糖小さじ½、
みそ小さじ⅓

作り方
ツナ缶の汁を切り、すべ
ての材料を混ぜて食パン
にのせて焼く。

ハムチーズ

材料
マヨネーズ小さじ1、ハ
ム1枚、スライスチーズ
1枚

作り方
マヨネーズ、ハム、スラ
イスチーズの順に食パン
にのせて焼く。

コンポタ

材料
クリームコーン大さじ2、
砂糖小さじ½、シュレッ
ドチーズ大さじ1、塩・
こしょう少々

作り方
コーン、砂糖、塩・こし
ょうを混ぜて食パンにの
せ、チーズをかけて焼く。

しらす青のり

材料
しらす大さじ1、シュレ
ッドチーズ大さじ1、青
のり適量

作り方
すべての材料を食パンに
のせて焼く。

アボカドマヨ

材料
アボカド¼個（50ｇ）、
めんつゆ（3倍濃縮）小
さじ½、 マヨネーズ小
さじ1、シュレッドチー
ズ大さじ1

作り方
アボカドをみじん切りに
して、めんつゆ、マヨネ
ーズと混ぜて食パンにの
せる。最後にチーズをか
けて焼く。

枝豆コーン

材料
冷凍枝豆大さじ1、コー
ン大さじ1、マヨネーズ
小さじ1、シュレッドチ
ーズ大さじ1

作り方
枝豆を解凍して半分に切
る。食パンにマヨネーズ
を塗ってコーンと枝豆を
のせ、チーズをかけて焼
く。

ピザトースト

材料
ケチャップ大さじ½、ハ
ム1枚、コーン大さじ1、
ブロッコリー1房（15ｇ）、
シュレッドチーズ大さじ1

作り方
ブロッコリーを電子レン
ジ（600W）で1分加熱し、
ハム、ブロッコリーを小
さく切り、すべての材料
を食パンにのせて焼く。

すりごまバター

材料
バター15ｇ、すりごま
大さじ1と½、砂糖小さ
じ½

作り方
バターを電子レンジ（600
W）で30秒加熱し、残り
の材料と混ぜる。食パン
にのせて焼く。

fromみきてぃ　時間のない朝は固定メニューがラク。たとえ、毎日同じでも喜んで食べていたら気にしません（キリッ）。

スイーツ風からしっかりおかずパンまで、
子どもウケする食材を組み合わせました。
食パンの厚さは子どもの成長と食欲に応じて使い分けて。
栄養満点でヘルシーなオートミールは、幼児食にぴったりです！

食パン（8枚切り）
1枚分のレシピだよ。
トースターで
3分焼いてね。

きな粉ミルク

材料
きな粉大さじ1、牛乳小
さじ2、砂糖小さじ½

作り方
すべての材料を混ぜ、食
パンにのせて焼く。仕上
げにきな粉少々（分量
外）を振りかける。

りんごバター

材料
りんご¼個（75g）、バ
ター5g、砂糖小さじ½

作り方
りんごを薄切りにし、バ
ターを小さく切る。りん
ご、バターの順にのせ、
砂糖をかけて焼く。

バナナきな粉

材料
バナナ½本（75g）、き
な粉小さじ1、砂糖小さ
じ½

作り方
バナナを輪切りにして食
パンにのせ、きな粉と砂
糖をふりかけて焼く。

レンチンラスク

材料
バター10g、砂糖小さじ½

作り方
バターを電子レンジ（600
W）で30秒加熱し、砂糖
を混ぜて12等分した食パ
ン両面に塗る。レンジで
2分、裏返してさらに1
分加熱。

オートミール　煮込む時間が少ない「クイックオーツ」を使うといいよ。

フレンチトースト

材料
卵1個、牛乳大さじ3、
砂糖小さじ½、お好み
でレーズンやバナナ適量

作り方
バットにすべての材料を
入れて混ぜ、食パンを浸
して卵液をよく絡ませる。
電子レンジで2分加熱す
る。お好みでレーズンや
小さく切ったバナナをの
せる。

オートミール
バナナがゆ

材料
オートミール25g、バナ
ナ½本（75g）、レーズ
ン大さじ1、牛乳100㎖、
きな粉小さじ1

作り方
バナナは輪切りにし、き
な粉以外の材料を耐熱容
器に入れて混ぜ、ラップ
をせずに電子レンジで1
分加熱する。きな粉をか
ける。

オートミール
ミルクがゆ

材料
オートミール25g、ウ
ィンナー1本、ミックス
ベジタブル大さじ1、牛
乳70㎖、水50㎖、コン
ソメ小さじ¼、粉チー
ズ小さじ1

作り方
ウィンナーを小さく切り、
すべての材料を混ぜる。
ラップをせずに電子レン
ジ（600W）で2分加熱す
る。粉チーズをかける。

1～3歳は
しっかり
火を通して！

オートミール
卵がゆ

材料
オートミール25g、卵
1個、水130㎖、鶏がら
スープの素小さじ⅓、塩
ひとつまみ、お好みで塩
昆布適量

作り方
卵以外の材料を耐熱容器
に入れて混ぜ、ラップを
せずに電子レンジ（600
W）で40秒加熱する。
溶いた卵を加えて、さら
に1分30秒加熱する。

from みきてい　　レンチンラスクは最後の1分、燃えないように全神経を集中して見守って。加熱しすぎて焦げると歯が折れそうなほど固くなります。

スープ

レンジ加熱のお約束

特に記載がない限り、食材は耐熱容器に入れ、ふわりとラップをしてから加熱してください。

スープ

包丁いらず　混ぜるだけ　冷凍OK

みそ玉　5min.

材料（子ども12食分）
みそ … 大さじ2
粉末だし（塩分不使用）… 小さじ1
お好みの具（麩、とろろ昆布、乾燥わかめ、油揚げ、乾燥桜えび、あおさ、切り干し大根など）… 適量

1　みそを小分けの容器に小さじ½ずつ入れる。
2　1にだしひとつまみずつとお好みの具材をのせて冷凍する。
3　2に100㎖のお湯を注ぎ完成。

スープ

なべ　缶詰使用　冷凍OK

サバ缶みそ汁　5min.

材料（子ども1人＋大人2人分）
玉ねぎ … ¼個（50g）
サバ缶（水煮缶）… 1缶（190g）
水 … 300㎖
みそ … 大さじ1

memo
サバ缶は、骨と皮を取り除く。
大人はそのまま食べてOK。

1　玉ねぎは薄切りにする。
2　なべに1と水、サバ缶を汁ごと加えて中火で煮る。
3　玉ねぎに火が通ったら、みそを溶き入れ、子ども用は水で2〜3倍に薄め、大人用はそのままいただく。

スープ

なべ　冷凍OK

のりたまスープ　10min.

材料（子ども1人＋大人2人分）
玉ねぎ … ¼個（50g）
水 … 400㎖
鶏がらスープの素 … 小さじ2
卵 … 1個
しょうゆ … 小さじ½
ごま油 … 小さじ½
焼きのり … ½枚

1　玉ねぎは薄切りにする。
2　なべに1と水、鶏がらスープとしょうゆを入れて玉ねぎに軽く火が通るまで中火で煮る。
3　なべの中をよく混ぜてから火を強くし、溶き卵を入れる。
4　のりをちぎって入れ、ごま油をかける。子ども用は水で2〜3倍に薄め、大人用はそのままいただく。

炊飯器を使うポタージュたちは、一度で大量に作れるのでつくりおき向き。
牛乳を入れる前の工程で50mlずつ冷凍すると、便利なポタージュの素に！
食べるときはレンジで1分30秒加熱後、牛乳を入れればいつでも飲める♪

毎朝野菜ポタージュ 　5min.

材料（子ども8〜10食分）
かぼちゃ… 小¼個（260g）
玉ねぎ… 1個（200g）
にんじん… 1本（200g）
A｜水…200ml
　｜コンソメ…4.5g
牛乳…200〜300ml

memo
牛乳の量は子どもの好みで自由に加減して。

1 かぼちゃは種を取り除いて皮を切り落とし、ざく切りにする。玉ねぎ、にんじんは皮をむいて4つに切る。
2 炊飯釜に 1 と A を入れて普通に炊く。
3 炊きあがったらボウルに移し、粗熱を取ってブレンダーやミキサーなどでなめらかにする。

4 3 に牛乳を加える。

スープ
炊飯器　冷凍OK

鉄分ポタージュ 　5min.

材料（子ども8〜10食分）
さつまいも … 小1本（200g）
玉ねぎ… 1個（200g）
小松菜… 1束（300g）
A｜水…150ml
　｜バター…20g
　｜塩こうじ…大さじ1
豆乳…200〜300ml

memo
塩こうじの代わりにコンソメ4.5gでもOK！

1 さつまいもは皮をむいて輪切りにし、水（分量外）に10分さらす。玉ねぎは皮をむいて4つに切る。小松菜は4等分する。
2 炊飯釜に 1 と A を入れて普通に炊く。
3 炊きあがったらボウルに移し、粗熱を取ってブレンダーやミキサーなどでなめらかにする。
4 3 に豆乳を加える。

スープ
炊飯器　冷凍OK

さつまいもポタージュ 　5min.

材料（子ども6〜8食分）
さつまいも … 小1本（250g）
玉ねぎ 　1個（200g）
A｜水…150ml
　｜バター…10g
　｜コンソメ…4.5g
牛乳 200〜300ml

memo
牛乳の量は子どもの好みで自由に加減して。

1 さつまいもは皮をむいて輪切りにし、水（分量外）に10分さらす。玉ねぎは皮をむいて4つに切る。
2 炊飯釜に 1 と A を入れて普通に炊く。
3 炊きあがったらボウルに移し、粗熱を取ってブレンダーやミキサーなどでなめらかにする。
4 3 に牛乳を加える。

スープ
炊飯器　冷凍OK

fromみきてぃ 「毎朝野菜ポタージュ」は娘が2年間毎朝飲み続けた自信作！ これさえ飲めば「よし野菜摂ったで」と胸を張って。

トマトポタージュ 5min.

材料（子ども8〜10食分）
さつまいも … 小1本（250g）
玉ねぎ … 1個（200g）
A｜トマト缶 … 1缶（390g）
　｜コンソメ … 4.5g
牛乳 … 200〜300mℓ
大人は＋ 塩こしょう、コンソメ

1 さつまいもは皮をむいて輪切りにし、水（分量外）に10分さらす。玉ねぎは皮をむいて4つに切る。
2 炊飯釜に 1 と A を入れて普通に炊く。
3 炊きあがったらボウルに移し、粗熱を取ってブレンダーやミキサーなどでなめらかにする。
4 3 に牛乳を加える。

スープ
炊飯器　冷凍OK

オニオンスープ 5min.

材料（子ども8〜10食分）
玉ねぎ … 2個（400g）
ベーコン … ロング2枚（40g）
水 … 500mℓ
コンソメ … 4.5g
大人は＋ 塩こしょう、コンソメ

1 玉ねぎは皮をむき、縦に4つに切る。ベーコンは細く切る。
2 炊飯釜にすべての材料を入れて普通に炊く。

スープ
炊飯器　冷凍OK

具だくさんポトフ 5min.

材料（子ども1人＋大人2人分）
さつまいも … ½本（100g）
玉ねぎ … 1個（200g）
にんじん … ½本（100g）
ウィンナー … 5本
水 … 500mℓ
コンソメ … 4.5g
しょうゆ … 小さじ1
みりん … 小さじ2
バター … 10g
にんにく … 1片
大人は＋ 塩こしょう、マスタード

1 さつまいもは皮をむいて輪切りにし、水（分量外）に10分さらす。
2 玉ねぎは皮をむき、縦に4つに切る。にんじんは細長く8つに切り、ウィンナーは斜めに切れ目を入れる。にんにくはすりおろす。
3 炊飯釜にすべての材料を入れて普通に炊く。

スープ
炊飯器　冷凍OK

fromみきてぃ 炊飯器スープは先につくりおくか、冷凍ご飯をストックしておいて。食事の前に両方作ろうとすると、食卓が白米不在になります。#悲劇

コーンスープ （10min.）

材料（子ども1人＋大人2人分）
玉ねぎ … ¼個（50g）
ハム … 2枚
バター … 10g
A｜クリームコーン … 180g
　｜牛乳 … 180㎖
　｜コンソメ … 4.5g
　｜砂糖 … 小さじ½

1 玉ねぎはみじん切りにし、耐熱容器に入れて水大さじ1（分量外）を入れて電子レンジ（600W）で1分加熱する。
2 ハムは小さく切る。
3 なべにバターを熱し、玉ねぎとハムを中火で炒める。
4 火が通ったらAを加えて温める。子ども用は牛乳（分量外）でさらに2〜3倍に薄め、大人用はそのままいただく。

スープ

なべ　冷凍OK

ミルクスープ （10min.）

材料（子ども1人＋大人2人分）
白菜 … 1枚（80g）
玉ねぎ … ¼個（50g）
ブロッコリー … 2房（30g）
ウィンナー … 3本
A｜水 … 200㎖
　｜コンソメ … 2.2g
牛乳 … 200㎖
バター … 5g

1 白菜は1cm大、玉ねぎは薄切り、ブロッコリーは小さく切る。
2 ウインナーは輪切りにする。
3 なべに 1 と 2、Aを入れて具材がやわらかくなるまで煮る。
4 火を止めて牛乳を加え、バターを入れる。
5 子ども用は牛乳（分量外）で2〜3倍に薄め、大人用はそのままいただく。

スープ

なべ　冷凍OK

鉄分とれチャウダー （15min.）

材料（子ども1人＋大人2人分）
じゃがいも … 小1個（100g）
玉ねぎ … ½個（100g）
にんじん … ½個（100g）
ベーコン … ロング1枚（20g）
バター … 20g
薄力粉 … 大さじ1
あさり缶 … 1缶（130g）
A｜水 … 200㎖
　｜コンソメ … 小さじ½
牛乳 … 200㎖

大人は＋ 塩こしょう

1 じゃがいもは1cm角、玉ねぎとにんじんは8mm角に切って耐熱容器に入れ、水大さじ1（分量外）を入れて電子レンジ（600W）で5分ほど完全に火が通るまで加熱する。
2 ベーコンは小さく切る。
3 なべにバター、1 と 2 を入れて軽く炒め、薄力粉を入れて全体に絡める。
4 3 に小さく切ったあさりと缶の汁を入れ、Aを加えて煮る。沸騰したら火を弱めて牛乳を入れる。子ども用は牛乳（分量外）で2〜3倍に薄める。

スープ

なべ　缶詰使用　冷凍OK

オールインワン

主食　主菜　副菜
炊飯器　冷凍OK

炊飯器鶏ピラフ　5min.

材料（子ども1人＋大人2人分）
鶏もも肉…150g
玉ねぎ…1個（200g）
にんじん…1本（200g）
ブロッコリー…4房（60g）
コンソメ…4.5g
米…1合
大人は＋ 塩こしょう

1 玉ねぎは半分、にんじんは8つに切る。鶏肉は食べやすい大きさに切る。
2 炊飯釜に米を入れ、1合の線より2〜3mm下（あれば0.75合の目盛り）まで水を入れる。
3 2に1とブロッコリー、コンソメを入れて普通に炊く。
4 炊きあがったら野菜を切り分けて混ぜる。

主食　主菜　副菜
炊飯器　冷凍OK

炊飯器カレーピラフ　10min.

材料（子ども1人＋大人2人分）
にんじん…½本（100g）
玉ねぎ…¼個（50g）
ブロッコリー…3房（45g）
ウインナー…4〜5本
コーン…大さじ3
コンソメ…小さじ½
子ども用のカレールウ…1片（25g）
米…1合
お好みでレーズン…適量
大人は＋ ウスターソース

1 にんじん、玉ねぎ、ブロッコリーはみじん切りにする。ウインナーは輪切りにする。
2 炊飯釜に米とコンソメを入れ、1合の線より2〜3mm下（あれば0.75合の目盛り）まで水を入れる。
3 1とコーン、カレールウを入れて普通に炊く。
4 炊きあがったらよく混ぜて、お好みでレーズンを散らす。

主食　主菜　副菜
炊飯器　冷凍OK

炊飯器ビビンパ　15min.

材料（子ども1人＋大人2人分）
あいびき肉…150g
にんじん…⅓本（70g）
えのき…⅓袋（40g）
小松菜…1株（50g）
もやし…⅓袋（65g）
A｜しょうゆ、酒、みりん…各大さじ½
　｜砂糖、みそ…各小さじ1
　｜にんにくすりおろし…1かけ
B｜めんつゆ（3倍濃縮）、
　｜　鶏がらスープの素…各小さじ½
米…1合　ごま、のり…適量
大人は＋ コチュジャン

1 ひき肉とAをボウルに入れて混ぜ、10分おく。
2 にんじんは細切りにする。えのき、小松菜、もやしは1cmくらいの長さに切る。
3 炊飯釜に米とBを入れ、1合の線より2〜3mm下（あれば0.75合の目盛り）まで水を入れる。
4 3に1と2を入れ、普通に炊く。
5 炊きあがったらよく混ぜて、ごまとのりをかける。

品数を作るのが大変なときにおすすめしたいのが、
これ一品でたんぱく質＋野菜がしっかり摂れるオールインワン料理！
昼ごはんはもちろん、晩ごはんにもどうぞ。余裕があればスープを添えて。

レンチン親子丼 10min.

材料(子ども1人＋大人1人分)

鶏もも肉…120g
玉ねぎ…¼個(50g)
卵…2個
A　めんつゆ(3倍濃縮)
　　…大さじ1と½
　　砂糖…小さじ1
　　水…大さじ3
刻みのり…適量

大人は＋ めんつゆ

1 鶏もも肉は小さく切り、玉ねぎは薄切りにする。
2 耐熱容器に卵以外の材料を入れてよく混ぜ、電子レンジ(600W)で4分加熱する。
3 2をよく混ぜ、卵をかけてラップをせずに2分加熱する。刻みのりを散らす。

memo
半熟卵は3歳から様子を見て。それまではしっかり加熱！

主食　主菜　副菜
電子レンジ　冷凍OK

レンチン3色丼 15min.

材料(子ども1人＋大人1人分)

鶏ひき肉…150g
A　砂糖…小さじ1
　　しょうゆ、酒、みりん…各小さじ2
卵…2個
B　砂糖…小さじ1
　　醤油…小さじ½
　　水、みりん…各小さじ2
　　塩…ひとつまみ
冷凍枝豆…10粒

大人は＋ めんつゆ

1 ひき肉とAを耐熱容器に入れてほぐし混ぜ、電子レンジ(600W)で1分30秒加熱する。全体をよく混ぜて、さらに1分30秒加熱する。
2 卵とBを別の耐熱容器に入れてよく混ぜ、電子レンジで1分加熱する。全体を混ぜてさらに1分加熱する。
3 枝豆を電子レンジで50秒加熱し、小さく切って盛りつける。

主食　主菜　副菜
電子レンジ　包丁いらず

レンチン中華丼 15min.

材料(子ども1人＋大人1人分)

豚薄切り肉…70g
白菜…70g(⅔枚)
玉ねぎ…¼個(50g)
にんじん…3cm(30g)
A　水…100mℓ
　　鶏がらスープの素…小さじ1
　　しょうゆ、オイスターソース
　　…各小さじ½
B　片栗粉…大さじ½
　　水…大さじ1
ごま油…小さじ½

大人は＋ オイスターソース

1 豚肉は1cm幅に切る。
2 白菜は5mmのざく切りにする。玉ねぎとにんじんは3mm幅の細切りにする。
3 耐熱容器に1と2、Aを入れて電子レンジ(600W)で5分加熱し、火を通す。
4 火が通ったら全体を混ぜて、Bを入れてさらに2分加熱し、とろみをつける。
5 仕上げにごま油をかける。

主食　主菜　副菜
電子レンジ　冷凍OK

fromみきてぃ (子ども1人＋大人1人分)のレシピは、平日の昼食を想定。休日の場合、パパは自給自足で……(2回作ればパパの分もできます)。

具だくさんかぼちゃシチュー 12min.

材料（子ども1人＋大人2人分）
鶏もも肉…150g
かぼちゃ…小¼個（300g）
玉ねぎ…½個（100g）
マッシュルーム…3個
ブロッコリー…4房（60g）
A｜コンソメ…小さじ1
　｜バター…10g
　｜薄力粉…大さじ2
牛乳…300㎖
砂糖…小さじ1
しょうゆ…小さじ1
粉チーズ…小さじ2
大人は＋ コンソメ、塩こしょう

主菜　副菜
フライパン　冷凍OK

1 かぼちゃは水で濡らしてラップで包み、電子レンジ（600W）で5分加熱する。
2 1のかぼちゃと鶏肉は一口大に切り、玉ねぎ、マッシュルームは薄切りにする。ブロッコリーは耐熱容器に入れて電子レンジで1分加熱する。
3 フライパンに油（分量外）を熱し、鶏肉と玉ねぎを中火で炒める。鶏肉に火が通ったら、かぼちゃ、ブロッコリー、マッシュルームを入れ、軽く炒めて弱火にする。
4 Aを加えてよくなじませ、粉っぽさがなくなったら牛乳を入れて混ぜる。
5 とろみが出たら、砂糖、しょうゆ、粉チーズを加える。

シチューからのドリア 5min.

材料（子ども1人＋大人2人分）
具だくさんかぼちゃシチュー
　…適量
ごはん…適量
シュレッドチーズ…大さじ1〜2
パン粉…小さじ1〜2
大人は＋ シュレッドチーズ

主食　主菜　副菜
トースター　はかりいらず

1 上のかぼちゃシチューをさらに煮詰めてトロトロにする。
2 耐熱皿にごはんを入れて、その上に1、チーズ、パン粉をのせてトースターで3分焼く。

memo
ごはんではなくパンにしてもおいしいよ〜！

レンチンキーマカレー 10min.

材料（子ども1人分）
牛ひき肉またはあいびき肉…30g
玉ねぎ…⅛個（30g）
にんじん…2㎝（20g）
コーン…大さじ2
A｜子ども用のカレールウ
　｜　…1片（25g）
　｜ケチャップ…小さじ½
　｜ソース…小さじ½
　｜水…大さじ2

主食　主菜　副菜
電子レンジ　冷凍OK

1 玉ねぎ、にんじんはみじん切りにする。
2 1と残りの材料を耐熱容器に入れて混ぜ、電子レンジ（600W）で4分加熱する。火が通っていなければ様子を見て、30秒ずつ追加加熱する。

レンチンカルシウムチャーハン 〔5min.〕

材料（子ども1人＋大人1人分）

しらす …20g
冷凍枝豆 …20g
コーン …20g
乾燥桜えび …8尾
卵 …1個
A｜鶏がらスープの素 …小さじ½
　｜ごま油 …小さじ½
　｜減塩塩昆布 …大さじ1
ごはん …220g

大人は＋ 塩こしょう、塩昆布

1 枝豆は小さく切るか、つぶす。
2 ごはん以外の材料を耐熱容器に入れてよく混ぜ、ごはんを加える。容器におしつけるようにして広げて平たくする。
3 卵に火が通るまで電子レンジ（600W）で2分30秒加熱し、よく混ぜる。

memo
桜えびが初めての子には、単独で少量試してからがベスト

主食　主菜　副菜
電子レンジ

レンチン鉄分チャーハン 〔5min.〕

材料（子ども1人＋大人1人分）

小松菜 …1株（50g）
卵 …1個
ひきわり納豆 …1パック（45g）
乾燥ひじき …大さじ½
A｜鶏がらスープの素、ごま油
　｜ …各小さじ1
　｜しょうゆ …小さじ½
ごはん …220g
お好みでかつお節 …適量

大人は＋ 塩こしょう

1 小松菜ははさみで切る。ひじきは水で戻す。
2 ごはん以外の材料を耐熱容器に入れてよく混ぜる。
3 2にごはんを入れ、容器におしつけるように広げて平たくする。
4 卵に火が通るまで電子レンジ（600W）で2分30秒加熱し、よく混ぜる。お好みでかつお節をかける。

主食　主菜　副菜
電子レンジ　包丁いらず　冷凍OK

レンチントマトリゾット 〔5min.〕

材料（子ども1人分）

ウィンナー …2本
ミックスベジタブル …大さじ2
A｜シュレッドチーズ …大さじ1
　｜砂糖 …小さじ½
　｜バター …5g
トマトジュース …100㎖
コンソメ …小さじ½
ごはん …80g
お好みで粉チーズ …適量

大人は＋ 塩こしょう、チーズ、ケチャップ

1 ウインナーははさみで小さく切る。
2 すべての材料を耐熱容器に入れてよく混ぜ、電子レンジ（600W）で2分加熱する。
3 お好みで粉チーズをかける。

memo
ウインナーの代わりにツナ缶⅓を使ってもOK！

主食　主菜　副菜
電子レンジ　包丁いらず

from みきてぃ　レンチン調理には、耐熱ボウル（約2,000㎖）がおすすめ。子ども分をとりわけたら、大人はボウルで豪快に食べて。#ボウルも皿

鉄分ミルクリゾット （5min.）

材料（子ども1人＋大人2人分）
玉ねぎ … ½個（100g）
しめじ … ¼袋（40g）
えのき … ¼袋（30g）
あさり水煮缶 … 1缶（130g）
コーン … 40g
バター20g
米 … 1合
牛乳 … 200㎖
コンソメ … 小さじ1
シュレッドチーズ … 大さじ3
大人は＋ 塩こしょう、チーズ

主食 主菜 副菜
炊飯器

1 玉ねぎはみじん切りにし、しめじとえのきは2cm長さに切る。
2 炊飯釜に米と牛乳、あさりの汁を入れ、1.5合の目盛りまで水（分量外）を足す。
3 2に小さく切ったあさりの具、チーズ以外の残りの材料を入れて早炊きで炊く。
4 シュレッドチーズを混ぜる。

memo
あさりは鉄分モリモリで栄養満点！

ラクちんタコライス （10min.）

材料（子ども1人＋大人2人分）
あいびき肉 … 300g
玉ねぎ … ½個（100g）
A ｜ ケチャップ … 大さじ2
　｜ 砂糖、ウスターソース、
　｜ しょうゆ … 各小さじ1
B ｜ ケチャップ … 大さじ1
　｜ カレー粉 … 小さじ1〜2
　｜ 塩こしょう … 適量
粉チーズ … 適量
ミニトマト … 1個
千切りレタス、アボカド … 適量

主食 主菜 副菜
フライパン 冷凍OK

1 玉ねぎはみじん切りにし、耐熱容器に入れて電子レンジ（600W）で1分30秒加熱する。
2 フライパンに油（分量外）を熱し、ひき肉を炒める。火が通ったら玉ねぎを加えて炒める。
3 余分な油を拭き取り、Aを加えて炒める（子ども用）。
4 子ども用1人分を取り分けたあと、残りの大人用にBを加えて炒める。
5 4等分にしたミニトマト、レタス、小さく切ったアボカドを切って盛りつける。

混ぜるだけグラタン （12min.）

材料（子ども1人より少し多め）
マカロニ … 35g
クリームコーン … 180g
ブロッコリー … 2房（30g）
ウィンナー … 2本
牛乳 … 大さじ1
コンソメ … 小さじ1
砂糖 … 小さじ½
シュレッドチーズ … 大さじ2
パン粉 … 小さじ1
塩 … ひとつまみ

主食 主菜 副菜
トースター 混ぜるだけ 冷凍OK

1 マカロニをやわらかめにゆでる。
2 ブロッコリーは小さく切る。ウィンナーは輪切りにする。耐熱容器にマカロニ、チーズ、パン粉以外の材料をすべて入れてよく混ぜ、電子レンジ（600W）で3分加熱する。
3 耐熱皿にマカロニと2を入れてチーズとパン粉をのせ、トースターで3分焼く。

memo
焼かずにマカロニに3をかければコーンクリームパスタに！

レンチンクリームパスタ （10min.）

材料（子ども1人＋大人1人分）
スパゲッティ（ゆで時間3分のもの）
　…100g
ほうれん草…3本（20g）
ベーコン…ハーフ3枚（25g）
A｜水…200㎖
　｜牛乳…100㎖
　｜薄力粉…大さじ1
　｜塩こうじ…小さじ2
　｜バター…10g
牛乳…50㎖
大人は＋ 塩こしょう

1　Aと半分に折ったスパゲッティを耐熱容器に入れ、ほうれん草とベーコンをはさみで切りながら加えて電子レンジ（600W）で5分加熱する。
2　牛乳50㎖を入れて混ぜる。

memo
パスタを電子レンジでゆでるときは規定のゆで時間＋2分が◎！

主食　主菜　副菜
電子レンジ　包丁いらず

レンチンナポリタン （10min.）

材料（子ども1人＋大人1人分）
スパゲッティ（ゆで時間3分のもの）
　…100g
A｜玉ねぎ…¼個（50g）
　｜ピーマン…½個（20g）
　｜オリーブオイル…大さじ1
　｜水…250㎖
B｜ウィンナー…3本
　｜コーン…大さじ1
　｜コンソメ…小さじ½
　｜ケチャップ…大さじ2
　｜ウスターソース…小さじ1
粉チーズ…適量

1　玉ねぎは薄切りにし、ピーマンは細切りにする。ウインナーは輪切りにする。
2　スパゲッティを半分に折って耐熱容器に入れ、Aを加えて電子レンジ（600W）で5分加熱する。
3　水を切ってからBを加えて軽く混ぜ、さらに2分加熱する。
4　粉チーズをかける。
大人は＋ ケチャップ

主食　主菜　副菜
電子レンジ

レンチンサバみそ
トマトパスタ （10min.）

材料（子ども1人＋大人1人分）
スパゲッティ（ゆで時間3分のもの）
　…100g
A｜サバみそ煮缶…1缶（90g）
　｜ホールトマト缶
　　…½缶（195g）
　｜しょうゆ…小さじ1
　｜にんにく…1片
　｜水…100㎖
粉チーズ…適量
大人は＋ ケチャップ

1　サバみそ煮缶とトマト缶を細かくほぐして、しょうゆと混ぜる。にんにくはすりおろす。
2　スパゲッティを半分に折って耐熱容器に入れ、Aを加えて混ぜる。電子レンジ（600W）で5分加熱する。
3　全体を混ぜてさらに2分加熱する。
4　粉チーズをかける。

memo
サバ缶をしっかりほぐさないと、レンジから爆発音が聞こえます。

主食　主菜　副菜
電子レンジ　包丁いらず

レンチンそぼろうどん $\boxed{7\text{min.}}$

材料(子ども1人分より少し多め)
冷凍うどん … 180g
あいびき肉 … 30g
ミックスベジタブル … 大さじ1
A｜砂糖、片栗粉、しょうゆ、
　　ウスターソース
　　… 各小さじ½
　｜水 … 大さじ1

1 ボウルにひき肉、Aを入れてよく混ぜる。
2 うどんを耐熱容器に入れ、ミックスベジタブル、1をのせて電子レンジ(600W)で3分加熱する。
3 全体を混ぜてさらに1分加熱する。

主食　主菜　副菜
電子レンジ　包丁いらず

レンチン焼きうどん $\boxed{10\text{min.}}$

材料(子ども1人分より少し多め)
冷凍うどん … 180g
豚こまぎれ肉 … 30g
キャベツ … 小1枚(30g)
玉ねぎ … ⅛個(30g)
にんじん … 2cm(20g)
めんつゆ(3倍濃縮)
　… 小さじ1.5
かつお節 … 2つまみ
バター … 5g

1 豚肉は小さく切る。
2 キャベツは千切りにし、玉ねぎは薄切り、にんじんは細切りにする。
3 耐熱容器に1と2を入れて、その上にめんつゆ、バター、うどんをのせて電子レンジ(600W)で5分加熱する。
4 かつお節をかける。

主食　主菜　副菜
電子レンジ

レンチン豆乳みそうどん $\boxed{7\text{min.}}$

材料(子ども1人分より少し多め)
冷凍うどん … 180g
豆乳 … 80mℓ
みそ … 小さじ1
すりごま … 大さじ1
めんつゆ(3倍濃縮) … 小さじ1
ツナ缶 … 20g
コーン … 大さじ1
冷凍ほうれん草 … 15g

1 うどんを耐熱容器に入れて、電子レンジ(600W)で2分加熱する。
2 1に残りの材料を入れて、さらに2分加熱する。

主食　主菜　副菜
電子レンジ　包丁いらず

ごまみそ豆乳なべ （15min.）

材料（子ども1人＋大人2人分）
豚しゃぶしゃぶ肉 … 250g
白菜 … ⅛玉（25g）
小松菜 … ½束（100g）
にんじん … ¼本（50g）
しめじ … ½袋（75g）
えのき … ½袋（60g）
豆腐 … 100g
A　水 … 700㎖
　　鶏がらスープの素 … 大さじ1
　　めんつゆ（3倍濃縮）… 小さじ2
豆乳 … 200㎖　　すりごま … 大さじ3
みそ … 大さじ2　　ごま油 … 少々

1 すべての具材を食べやすい大きさに切る。
2 なべにAと野菜、きのこ、豚肉、豆腐を入れて煮立たせる。
3 具材に火が通ったら豆乳、みそを加える。仕上げにすりごま、ごま油をかける。
4 子ども用を取り分けた分に水（分量外）を足し、約2〜3倍に薄める。

主菜　副菜

なべ

トマトなべ （20min.）

材料（子ども1人＋大人2人分）
鶏もも肉 … 250g
玉ねぎ … ½個（100g）
さつまいも … ½本（120g）
キャベツ … ⅛玉（150g）
パプリカ、にんじん … 各50g
ブロッコリー … 3房（45g）
ウィンナー … 3本
ホールトマト缶 … 1缶（390g）
水 … 400㎖
めんつゆ（3倍濃縮）… 大さじ½
コンソメ … 4.5g
砂糖、オリーブオイル … 各大さじ1

1 すべての具材を食べやすい大きさに切る。
2 なべにすべての材料を入れて火が通るまで煮る。
3 子ども用を取り分けた分に水（分量外）を足し、2〜3倍に薄める。

memo
子ども用に薄める水分は牛乳や豆乳でもおいしい！ お好みでチーズをかけて。

主菜　副菜

なべ

ちゃんぽんなべ （15min.）

材料（子ども1人＋大人2人分）
豚しゃぶしゃぶ肉 … 250g
キャベツ … ⅛玉（150g）
にんじん … 4cm（40g）
もやし … ½袋（100g）
しめじ … ½袋（75g）
コーン … 大さじ2
かまぼこ … ⅓本（20g）
A　水 … 700㎖
　　鶏がらスープの素 … 大さじ2
　　しょうゆ … 大さじ½
　　オイスターソース … 大さじ2
中華麺 … 2玉（200g）
牛乳 … 700㎖
にんにく … 1片

1 すべての具材を食べやすい大きさに切る。中華麺はゆでておく。にんにくはすりおろす。
2 なべにAとキャベツ、にんじん、もやし、しめじ、にんにくを入れて火にかける。
3 火が通ったら豚肉、コーン、かまぼこを加えて軽く煮立たせ仕上げに牛乳をいれる。
4 子ども用を取り分けた分に、水（分量外）を足し、2〜3倍に薄める。
5 ゆでた中華麺を加えて温める。

大人は＋ 追いにんにく、黒こしょう

主食　主菜　副菜

なべ

炊き込みごはん

主食　主菜　副菜

炊飯器　包丁いらず　冷凍OK

しらすわかめごはん `5min.`

材料(子ども2人＋大人2人分)
しらす…50g
乾燥わかめ…2.5g
米…1合
A｜酒、みりん…各大さじ½
　｜しょうゆ…小さじ1
あればだし昆布
　…ハーフサイズ2枚

大人は＋ 梅干しのたたき

1 炊飯釜に米とAを入れて1合の線まで水を入れる。
2 わかめは水(分量外)で戻し、はさみで小さく切る。
3 1にしらす、2のわかめ、あればだし昆布の順に入れて普通に炊く。

鮭みそバターごはん `5min.`

材料(子ども2人＋大人2人分)
鮭…1切れ(80g)
えのき…½袋(60g)
コーン…大さじ4
米…1合
A｜酒、みそ…各大さじ1
　｜砂糖…小さじ2
　｜しょうゆ…小さじ½
バター…10g

大人は＋ 塩こしょう

1 えのきははさみで短く切る。
2 炊飯釜に米とAを入れて1合の線まで水を入れる。
3 1のえのき、鮭、コーンを入れて普通に炊く。
4 炊きあがったら鮭の骨と皮を取ってほぐし、バターを入れて混ぜる。

主食　主菜　副菜

炊飯器　はかりいらず　冷凍OK

まるごとブロッコリーごはん `5min.`

材料(子ども2人＋大人2人分)
ブロッコリー…1株(250g)
しらす…75g
米…1合
A｜酒…大さじ1
　｜白だし…大さじ1
お好みでいりごま、かつお節
　…適量

大人は＋ 塩こんぶ

1 ブロッコリーはよく洗い、茎の根元を少し切り落とす。
2 炊飯釜に米とAを入れて1合の線より2～3mm下(あれば0.75合の目盛り)まで水を入れる。
3 しらすとブロッコリーを真ん中にして普通に炊く。
4 炊きあがったらブロッコリーをほぐし、お好みでかつお節といりごまをかけて混ぜる。

主食　主菜　副菜

炊飯器　包丁いらず　冷凍OK

　fromみきてぃ　2合の米で作りたいときは、調味料2倍、具の量はお好みで増やして。ブロッコリーごはんは2本入れてしまうと、プチ森林浴ができます。

栄養たっぷり＆炊飯器にセットするだけなので、食事にボリュームが
ほしいときや時短したいときの強い味方。うまみのある食材をふんだんに
使ったので、白いご飯が苦手な子も爆食いするメニューです！

まるごとトマトごはん （5min.）

材料（子ども2人＋大人2人分）
ツナ缶（オイル漬け）… 1缶（70g）
トマト … 1個（150g）
にんにく … 1片
米 … 1合
コンソメ … 4.5g
お好みで粉チーズ … 適量

memo
　4歳までは、ツナ缶の汁は入れ
ずに作ってね。

1 トマトのおしりに十字に切り込み
　を入れる。にんにくはすりおろす。
2 炊飯釜に米とコンソメ、ツナ缶の
　汁を入れて1合の線より2〜3mm
　下（あれば0.75合の目盛り）まで
　水を入れる。
3 ツナ缶とトマト、にんにくを入れ
　て普通に炊く。
4 炊きあがったらす
　ぐにトマトをつぶ
　してよく混ぜ、お
　好みで粉チーズを
　かける。

主食　主菜　副菜

炊飯器　冷凍OK

塩こん桜えびごはん （3min.）

材料（子ども2人＋大人2人分）
ツナ缶（オイル漬け）… 1缶（70g）
乾燥桜えび … 大さじ1
減塩塩昆布 … 5g
米 … 1合

大人は＋ 塩昆布、岩塩

1 炊飯釜に米とツナ缶の汁を入れて、
　1合の線まで水を入れる。
2 ツナ缶と桜えび、塩昆布を入れて
　普通に炊く。

memo
　4歳までは、ツナ缶の汁は入れ
ずに作ってね。

主食　主菜　副菜

炊飯器　包丁いらず　冷凍OK

いわし缶ごはん （5min.）

材料（子ども2人＋大人2人分）
にんじん … 2cm（20g）
しめじ … ¼袋（40g）
えのき … ¼袋（30g）
いわし缶 … 1缶（190g）
米 … 1合
A｜ しょうゆ … 大さじ½
　　みりん … 大さじ½
　　酒 … 大さじ1

大人は＋ 岩塩

1 にんじんは千切りにし、しめじと
　えのきは小さく切る。
2 炊飯釜に米といわし缶の汁、Aと
　入れて1合の線まで水を入れる。
3 いわし缶の具と1を入れて普通に
　炊く。

memo
　サバの水煮缶でもおいしくでき
るよ。

主食　主菜　副菜

炊飯器　冷凍OK

サバみそ煮缶ごはん 5min.

材料（子ども2人＋大人2人分）
サバみそ煮缶 … 1缶（190g）
米 … 1合
めんつゆ（3倍濃縮）… 大さじ½
バター … 10g

大人は＋ 大葉（千切り）、岩塩

1 炊飯釜に米、めんつゆ、サバ缶を
　まるごと入れて1合の線の少し上
　まで水を入れる。
2 バターをのせて普通に炊く。

主食　主菜　副菜

炊飯器　包丁いらず　冷凍OK

あさり水煮缶ごはん 5min.

材料（子ども2人＋大人2人分）
枝豆 … 30g
油揚げ … ⅓枚
あさり水煮缶 … 1個（130g）
米 … 1合
A｜ しょうゆ … 大さじ½
　｜ みりん … 大さじ1
　｜ 酒 … 大さじ1
バター … 10g

大人は＋ 岩塩

1 枝豆、油揚げ、あさりははさみで
　小さく切る。
2 炊飯釜に米とA、あさりの缶汁を
　入れて1合の線まで水を入れる。
3 1の油揚げ、枝豆、あさりを入れ
　て普通に炊く。
4 炊きあがったらバターを混ぜる。

memo
枝豆は6歳になるまでは小さく
切ってね。

主食　主菜　副菜

炊飯器　包丁いらず　冷凍OK

╭ うちの子のお気に入り！ ╮

材料を炊飯器にぶち込むだけだから、
娘のえれんも調理に参加。そして爆食いします♪

切り干し大根ごはん 7min.

材料
米 … 1合
乾燥切り干し大根 … 15g
乾燥ひじき … 3g
にんじん … 3cm（30g）
油揚げ … ½枚
　（熱湯かけて油抜きしてね）
A｜ しょうゆ … 大さじ1
　｜ みりん … 大さじ1
　｜ 酒 … 大さじ1
　｜ 砂糖 … 小さじ2

1 切り干し大根を水洗いし、水に約
　10分つけて戻す。水気を絞り（戻
　し汁は捨てずに取っておく）、細
　かく切る。ひじきも同様に水に浸
　けて戻し、水気を絞る。にんじん
　と油揚げは細切りにする。
2 炊飯釜に米とAを入れ、切り干
　し大根の戻し汁を1合の線まで入
　れる（足りなければ水を足す）。
3 すべての具材をのせ、普通に炊く。

幼児食のお悩み Q&A vol.01

幼児食に関連した私の疑問や、
過去にInstagramでいただいた疑問について、
監修の中村先生に聞いてみました！
母乳ってあげ続けてもいいんだ……！

調味料をどう使ったらいいのか悩みます。大人と同じで大丈夫？

奥歯が生え始める1歳ごろに離乳食が完了し、大人と同じ食事が食べられるように準備するのが幼児食です。消化力も味覚も発達の途中なので、量も味つけも「大人の料理の半分程度」を目安にしてください。調味料は天然の原料で作られたものを選び、香辛料など刺激物に注意しましょう。

1歳半で母乳をほしがります。あげ続けてもいいですか？

食事で栄養が摂れるようになれば、母乳は栄養補給というよりも、子どもの精神安定やコミュニケーションという意味合いが大きいと言えます。食事が十分に食べられないようであれば頻度や量をコントロールしつつ、2歳ごろを目処に自然な卒乳を待ってもいいと思います。

どうしても食べない食材があります。どうしたらいいですか？

野菜ならペーストにしてホットケーキやお好み焼きに入れたり、肉や魚なら細かくして、とろみのあるものや好きなメニューに混ぜたらどうでしょう？ でも、似たような食材が食べられていたら必要な栄養は摂れています。無理強いせず、大人が食べているところを見せてあげましょう。

食わずぎらいがあります。解消する方法はありますか？

子どもには、食べたことのないもの、食べ慣れていないものがたくさんあるので、まだ受け入れられないだけかもしれません。まずは見る・触る・なめるなど、慣れることから始めてみましょう。調理法を工夫するだけで食べられるようになることもあるので、いろいろ試してみるといいですね。

料理が苦手で、レパートリーがありません。どうすればいい？

3回食事を作るようになると、作るのも食べさせるのも大変ですよね。薄味を基本にしたシンプルなメニューの繰り返しでもいいので、旬の素材を取り入れることで変化をつけましょう。
また、調理法や味つけを少し変えるだけで幅が広がります。

主菜

レンジ加熱のお約束

特に記載がない限り、食材は耐熱容器に入れ、ふんわりとラップをしてから加熱してください。

主菜

オーブン　冷凍OK

タンドリーチキン　5min.

材料（子ども1人＋大人2人分）
鶏肉 … 300g
ヨーグルト … 大さじ2
ケチャップ … 大さじ2
カレー粉 … 小さじ1と½
しょうが … 1片
にんにく … 1片
塩こうじ … 小さじ1

大人は＋ カレー粉

1 鶏肉は一口大に切る。しょうがとにんにくはすりおろす。
2 すべての材料をビニール袋に入れて1分揉み、冷蔵庫で20分以上おく。
3 クッキングシートを敷いた天板に並べ、200℃に予熱したオーブンで20分焼く。

主菜

オーブン　冷凍OK

鶏のみそ焼き　5min.

材料（子ども1人＋大人2人分）
鶏もも肉 … 300g
砂糖 … 小さじ1
みりん … 小さじ1
みそ … 小さじ1と½
しょうゆ … 小さじ1
いりごま … 大さじ2

大人は＋ 塩こしょう

1 鶏肉は一口大に切る。
2 すべての材料をビニール袋に入れて1分揉み、冷蔵庫で20分以上おく。
3 クッキングシートを敷いた天板に並べ、180℃に予熱したオーブンで20分焼く。

主菜

オーブン

揚げないからあげ　7min.

材料（子ども1人＋大人2人分）
鶏もも肉 … 350g
しょうゆ … 小さじ2
酒 … 小さじ2
卵 … ½個
しょうが … 1片
にんにく … 1片
片栗粉 … 大さじ5
油 … 大さじ1

大人は＋ 塩こしょう

1 鶏肉は一口大に切り、しょうがとにんにくはすりおろす。片栗粉と油以外のすべての材料をビニール袋に入れて1分揉む。冷蔵庫で20分以上おく。
2 片栗粉を1の袋に入れて全体にまぶす。
3 クッキングシートを敷いた天板に2を皮目を上にして並べ、表面にうすく油を塗る。
4 230℃に予熱したオーブンで25分焼く。

魚や肉、卵などを使った主菜は献立のメインとなる花形おかず。
塩分をおさえつつ、子どもが喜ぶ味になるよう工夫しました。
1歳から1歳半の子にはひき肉料理がおすすめ！

鶏肉と野菜のオーブン焼き （7min.）

材料（子ども1人＋大人2人分）
鶏もも肉 … 2枚（500〜600g）
A｜ オリーブオイル、酒
　　 …各大さじ1
　｜ 塩 … 小さじ½
れんこん … 1節（100g）
ズッキーニ … ½本（50g）
さつまいも … ¼本（50g）
にんじん … ¼本（50g）
オリーブオイル … 大さじ1
塩こしょう … 少々
大人は＋ 塩（4で大人分にかける）

1 れんこん、ズッキーニ、さつまいも、にんじんは適当な大きさに切る。
2 鶏肉をフォークでさしてからビニール袋に入れ、Aを加えて揉む。
3 1の野菜を別のビニール袋に入れて塩こしょう、オリーブオイルを加え、よく揉む。
4 天板にクッキングシートを敷いて2と3を並べる。
5 250℃に予熱したオーブンで20分焼く。鶏肉を食べやすい大きさに切る。

主菜　副菜

オーブン　冷凍OK

塩こうじ肉じゃが （5min.）

材料（子ども1人＋大人2人分）
鶏もも肉 … 250g
塩こうじ … 大さじ1と½
じゃがいも … 2個（250g）
玉ねぎ … 1個（200g）
水 … 200ml
にんにく … 1片
大人は＋ ゆずこしょう

1 鶏肉をビニール袋または容器に入れて塩こうじに浸け、冷蔵庫で半日以上おく。
2 じゃがいもは大きめに切り、玉ねぎは薄切りにする。
3 にんにくはすりおろす。
4 炊飯釜にすべての材料を入れて普通に炊く。

主菜

炊飯器

ほろほろ鶏肉の
トマト煮込み （7min.）

材料（子ども1人＋大人2人分）
手羽元 … 8本（430g）
玉ねぎ … 1個（200g）
にんじん … ½本（100g）
トマト缶 … 1缶（380g）
コンソメ … 6.5g
砂糖 … 大さじ1
塩こしょう … 少々
大人は＋ 塩こしょう、ケチャップ

1 玉ねぎはくし形に8つに切り、にんじんは小さめの乱切りにする。
2 手羽元に塩こしょうをかけ、炊飯釜に入れる。
3 2に、玉ねぎとにんじんをのせてからトマト缶、コンソメ、砂糖を入れて普通に炊く。

主菜　副菜

炊飯器　冷凍OK

fromみきてぃ　一口大の鶏もも肉は、カット済みの商品を使うと時短。なければはさみでチョキチョキ。

主菜

フライパン　包丁いらず　冷凍OK

ささみのからあげ (15min.)

材料（子ども1人＋大人2人分）

鶏ささみ…6本（350g）
酒…大さじ1
しょうゆ…大さじ1
砂糖…小さじ1
にんにく…小さじ1
しょうが…小さじ1
ごま油…小さじ1
片栗粉…大さじ5

大人は＋ マヨネーズ、七味

1 鶏肉は1本をはさみで3等分にする。にんにく、しょうがはすりおろす。

2 片栗粉以外の材料をビニール袋に入れて1分揉み、3分おく。

3 2に片栗粉を入れてまぶす。

4 フライパンに1cm程度の高さの油（分量外）を入れて火にかける。油の温度が180℃くらいになったら3を入れて、両面を3分ほど揚げる。

memo
油に菜箸を入れ、勢いよく泡が出てきたら180℃くらい。

主菜

フライパン　包丁いらず　冷凍OK

のり塩ささみスティック (15min.)

材料（子ども1人＋大人2人分）

鶏ささみ…6本（350g）
A｜ 酒…大さじ1
　｜ 塩…小さじ½
　｜ マヨネーズ…小さじ1
片栗粉…大さじ3
青のり…大さじ2
粉チーズ…大さじ1

大人は＋ 塩

1 鶏肉は1本をはさみで細長いスティック状に3等分する。

2 ビニール袋に1とAを入れて1分揉み、3分おく。

3 2に片栗粉と青のり、粉チーズを入れて全体にまぶす。

4 フライパンに1cm程度の高さの油（分量外）を入れて火にかける。油の温度が180℃くらいになったら3を入れて、両面を3分ほど揚げる。

主菜　副菜

フライパン　冷凍OK

鶏ひき肉と納豆のつくね (15min.)

材料（子ども1人＋大人2人分）

鶏ひき肉…200g
ひきわり納豆…2パック（90g）
ブロッコリー…2房（30g）
A｜ コーン…大さじ2
　｜ シュレッドチーズ…大さじ4
　｜ しょうゆ…小さじ1
　｜ 片栗粉…大さじ2
B｜ しょうゆ…大さじ1
　｜ 砂糖…大さじ1と½
　｜ 酒…大さじ1
　｜ みりん…大さじ1

1 ブロッコリーはゆでてみじん切りにする。

2 ひき肉をボウルに入れて1と納豆、Aを加えてよく混ぜる。

3 2をスプーン2つを使って丸く成形する。

4 フライパンに油（分量外）を熱して3を焼く。両面が焼けたら子ども用を取り出す。

5 残りの大人用のつくねにBのタレを回しかけて煮詰める。子ども用のつくねに煮詰めたたれを少量塗る。

fromみきてぃ ささみレシピはどちらもやわらかくてジューシー。揚げ物デビューにおすすめ。油はねが怖い人はフライパンの蓋を盾にして。

ふわふわお好み焼き （20min.）

材料（子ども1人＋大人2人分）
鶏ひき肉…200g
キャベツ…¼玉（300g）
山芋…150g
薄力粉…60g
めんつゆ（3倍濃縮）…大さじ1
粉末だし…小さじ1と½
卵…2個
お好みでソース、マヨネーズ、か
　つお節、青のり…適量
大人は＋ ソース、マヨネーズ

1 キャベツはみじん切りにし、山芋はすりおろす。ボウルにすべての材料を入れてよく混ぜる。
2 フライパンに油（分量外）を熱し、弱めの中火で3分焼く。裏返したらふたをしてさらに3分焼く。
3 お好みでソース、マヨネーズ、かつを節、青のりをかける。

memo
子ども用に焼いてから、残りにめんつゆ、天かすを少量足して焼くとさらにおいしい！

主食　主菜　副菜

フライパン　冷凍OK

包まないシューマイ （15min.）

材料（子ども1人＋大人2人分）
鶏ひき肉…200g
玉ねぎ…½個（100g）
シューマイの皮…20枚
A 片栗粉…大さじ1
　酒、しょうゆ…各大さじ½
　砂糖…小さじ1
　鶏がらスープの素…小さじ½
　しょうがすりおろし…少々
ごま油…少量
水…100㎖
お好みでコーン…適量
大人は＋ ポン酢しょうゆ

1 玉ねぎはみじん切りにする。シューマイの皮は千切りにする。
2 ボウルにひき肉と玉ねぎ、Aを入れて混ぜる。
3 フライパンにごま油を熱し、シューマイの皮⅔程度を敷いて、その上に2の具を全部のせる。
4 具の上に残りのシューマイの皮をのせる。水を入れてふたをして火にかけ、沸騰したら火を弱めて水がなくなるまで5～6分焼く。
5 包丁で食べやすい大きさに切って、お好みでコーンをのせる。

主菜

フライパン　冷凍OK

豚肉とりんごのオーブン焼き （10min.）

材料（子ども1人＋大人2人分）
豚ロースとんかつ用…300g
さつまいも…小1本（250g）
りんご…1個（300g）
A 砂糖、みりん…各大さじ1
　しょうゆ…大さじ1と½
　オリーブオイル…大さじ2
　にんにく…1片
大人は＋ 塩こしょう

memo
りんごとさつまいもの皮が食べづらい子にはむいてあげてね。

1 さつまいもは輪切りにして水に10分さらす。にんにくはすりおろす。
2 豚肉は2cm幅に切る。りんごは縦に8等分してから横半分に切る。
3 ビニール袋に1と2、Aを入れて揉む。
4 天板にクッキングシートを敷いて重ならないように3を並べる。
5 180℃に予熱したオーブンで20分焼く。

主菜　副菜

オーブン

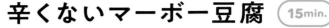

辛くないマーボー豆腐 （15min.）

材料（子ども1人＋大人2人分）
豚ひき肉…100g
木綿豆腐…400g
玉ねぎ…½個（100g）
しょうが…1片
にんにく…1片
A｜片栗粉…大さじ1
　｜砂糖、しょうゆ、みそ
　｜　…各大さじ½
　｜鶏がらスープの素…小さじ1
　｜水…250㎖
ごま油…大さじ1

大人は＋ めんつゆ、豆板醤

1 玉ねぎとしょうが、にんにくはみじん切りにする。玉ねぎと水大さじ1（分量外）を耐熱容器に入れて電子レンジ（600W）で1分30秒加熱する。
2 豆腐はキッチンペーパー数枚で包み、ラップをせずに電子レンジで2分加熱してさいの目切りにする。
3 フライパンにごま油を熱し、しょうがとにんにくを炒め、香りが出たら玉ねぎとひき肉を炒める。
4 火が通ったらAを加えて混ぜる。
5 煮立ったら2を入れてひと煮立ちさせる。

主菜
フライパン

豆腐ハンバーグ （20min.）

材料（子ども1人＋大人2人分）
あいびき肉…150g
絹ごし豆腐…150g
パン粉…½カップ
玉ねぎ…½個（100g）
A｜卵…1個
　｜みそ…小さじ2
水…50㎖
B｜玉ねぎ…¼個（50g）
　｜酒、しょうゆ、みりん、水
　｜　…大さじ2
　｜レモン汁…小さじ1
　｜バター10g
サラダ油…少々

1 玉ねぎはみじん切りにし、水大さじ1（分量外）とともに耐熱容器に入れて電子レンジで2分加熱し、さます。その間に豆腐をつぶしてボウルに入れ、パン粉を加えてよく混ぜる。
2 1のボウルにひき肉とさめた玉ねぎ、Aを加えて粘りが出るまでこね、3つに分ける。
3 フライパンに油を熱し、2を焼く。両面に焼き色がついたら水を加え、ふたをして5分蒸し焼きにして取り出す。
4 Bの玉ねぎをみじん切りにしてレンジで2分加熱する。大人用に3のフライパンにBを入れて煮詰め、たれを作る。

主菜
フライパン

れんこんハンバーグ （20min.）

材料（子ども1人＋大人2人分）
あいびき肉…150g
れんこん…120g
玉ねぎ…½個（100g）
乾燥ひじき…3g
A｜卵…1個
　｜パン粉…½カップ
　｜塩…3つまみ
水…50㎖
B｜酒、しょうゆ、みりん
　｜　…各大さじ3
　｜砂糖…小さじ2

1 れんこんと玉ねぎはみじん切りにする。玉ねぎと水大さじ1（分量外）を耐熱容器に入れて電子レンジ（600W）で2分加熱する。乾燥ひじきは水で戻す。
2 ボウルに1とひき肉、Aを入れて粘りが出るまでこね、3つに分ける。
3 フライパンに油（分量外）を熱し、2を焼く。両面に焼き色がついたら水を加え、ふたをして5分蒸し焼きにして取り出す。
4 3のフライパンにBを入れて煮詰めてたれを作り、大人用に塗る。

主菜　副菜
フライパン　冷凍OK

レンチンミートボール 17min.

材料(子ども1人＋大人2人分)
あいびき肉…200g
木綿豆腐…100g
A しょうゆ…小さじ1
　塩…2つまみ
　パン粉…大さじ3
B 水…60㎖
　ケチャップ…大さじ3
　片栗粉、砂糖、しょうゆ
　　…各こさじ1
　ウスターソース…小さじ1

大人は＋ ケチャップ

1 耐熱容器にBを入れて混ぜる。
2 ボウルにひき肉と豆腐、Aを入れてよくこねる。
3 2を一口大に丸めて1の上にのせる。
4 3を電子レンジ(600W)で4分加熱する。
5 一度取り出し全体を混ぜて、さらに電子レンジで3分加熱する。

主菜

電子レンジ　包丁いらず　冷凍OK

キャベツつくね 20min.

材料(子ども1人＋大人2人分)
あいびき肉…150g
キャベツ…小¼個(150g)
A 卵……1個
　鶏がらスープの素…大さじ½
　片栗粉…大さじ2
水…大さじ1
B 酒、しょうゆ、みりん
　　…各大さじ3
　砂糖…大さじ1

1 キャベツはみじん切りにする。
2 ボウルにひき肉と1、Aを入れてこね、5㎝大に丸める。
3 フライパンに油(分量外)を熱し、2を焼く。両面に焼き色がついたら水を加え、ふたをして5分蒸し焼きにして取り出す。
4 3のフライパンにBを入れて煮立たせ、たれを作る。

memo
子ども用はたれなし、大人用はたれを絡ませて。

主菜　副菜

フライパン　冷凍OK

1歳からの肉みそ&ミートソース 15min.

材料(子ども3食分ずつ)
あいびき肉…100g
玉ねぎ…½個(100g)
にんじん…小½本(70g)
〔写真左：肉みそ〕
A 砂糖…小さじ½
　しょうゆ…小さじ½
　みそ…大さじ½
〔写真右：ミートソース〕
B ケチャップ…大さじ1
　コンソメ…小さじ1
　砂糖…小さじ½
　しょうゆ…小さじ⅓

1 玉ねぎとにんじんはみじん切りにして耐熱容器に入れ、電子レンジ(600W)で3分加熱する。
2 フライパンに油(分量外)を熱し、ひき肉と1を入れて炒める。
3 〔左〕2の半量をボウルに移してAを加えて混ぜ、肉みそ完成。
4 〔右〕フライパンにBを加えて炒めて、ミートソースの完成。

memo
肉みそはご飯やうどんに、ミートソースはパスタにかけると◎!

主菜　副菜

フライパン　冷凍OK

fromみきてぃ ハンバーグ系は、フライパンで材料を混ぜてこねて焼くと、洗い物が減ります。#フライパンはボウル

主菜　副菜
フライパン　冷凍OK

鮭のクリーム煮 〔15min.〕

材料（子ども1人＋大人2人分）
生鮭切り身 … 3切れ
玉ねぎ … ½個（100g）
小松菜 … 1株（50g）
しめじ … ¼袋（40g）
塩こしょう … 少々
オリーブオイル … 大さじ2
薄力粉 … 大さじ1と½
A｜ 牛乳 … 300ml
　｜ めんつゆ（3倍濃縮）… 小さじ1
　｜ みそ … 大さじ1
バター … 10g
大人は＋ 塩こしょう

1 鮭は3等分に切る。塩こしょうをふり、薄力粉（分量外）を薄くまぶす。

2 玉ねぎは薄切りにし、小松菜は3cm長さに切る。しめじはほぐす。

3 フライパンにオリーブオイルを熱し、鮭を皮目から焼き、両面の色が変わったら取り出す。

4 3のフライパンにバターを熱し、2を入れて炒める。くたっとなったら薄力粉を入れて炒める。

5 Aを入れて混ぜ、3の鮭を加えてとろみがつくまで煮詰める。

主菜
オーブン　はかりいらず

鮭とじゃがいものオーブン焼き 〔5min.〕

材料（子ども1人＋大人2人分）
生鮭切り身 … 3切れ
じゃがいも … 2個（300g）
オリーブオイル … 大さじ2
塩こしょう … 適量
レモンスライス（大人用）… 数枚
大人は＋ 塩こしょう

memo
大人用は鮭の上にレモンスライスをのせるとおいしい！

1 じゃがいもは千切りにする。

2 鮭は2等分して表面にオリーブオイルを塗り、塩こしょうをふる。

3 天板にクッキングシートを敷いて1を並べ、その上に2の鮭をのせる。

4 180℃に予熱したオーブンで30分焼く。

ぶりの照り焼き 〔10min.〕

材料（子ども1人＋大人2人分）
ぶり切り身 … 3切れ
塩 … ふたつまみ
片栗粉 … 大さじ1
A｜ 砂糖、しょうゆ、酒、みりん
　｜ … 各大さじ1と½
　｜ 水 … 大さじ1

1 ぶりは塩をふって10分おく。水で塩を洗って水気をしっかり拭き取り、片栗粉をまぶす。

2 フライパンに油（分量外）を熱し、ぶりを焼く。半分ほど火が通ったら裏返してふたをし、火が通るまで弱火で焼く。

3 軽く油を拭き取り、Aを加えて中火にし、ぶりに絡ませる。1分ほどで子ども用は取り出し、大人用はそのまましっかりと煮絡める。

主菜
フライパン　包丁いらず　冷凍OK

fromみきてぃ　いろいろ魚レシピがありますが、めんどくさければただの塩焼きでOK ^o^（レシピ本でこれ言うたらあかん）

サバ缶の卵とじ （10min.）

材料（子ども1人＋大人2人分）
サバ缶 … 1缶（190g）
玉ねぎ … 大½個（130g）
A 水 … 50mℓ
　 酒、しょうゆ、みりん
　　 … 各大さじ1
　 砂糖、粉末だし（無塩）
　　 … 各小さじ1
卵 … 2個

大人は＋ めんつゆ

1 玉ねぎは薄切りにする。
2 フライパンに油（分量外）を熱し、1を入れて中火で炒める。
3 玉ねぎがやわらかくなったら、サバ缶を汁ごと入れて菜箸で崩し、Aを入れて煮立たせる。
4 溶いた卵を回し入れてふたをし、好みの固さになるまで弱火で煮る。

memo
3歳未満の子には卵はしっかり火を通そう。

主菜

フライパン

スパニッシュオムレツ （10min.）

材料（子ども1人＋大人2人分）
じゃがいも … 小1個（80g）
ベーコン … ハーフ3枚（25g）
A 冷凍ほうれん草 … 40g
　 ミックスベジタブル
　　 … 60g
卵 … 3個
牛乳 … 30mℓ
シュレッドチーズ … 40g
コンソメ … 小さじ½

大人は＋ 塩こしょう、ケチャップ

1 じゃがいもは1cm角に切ったら耐熱容器に入れ、水にさらして5分おく。水を切ったら電子レンジ（600W）で3分加熱する。ベーコンは1cm幅に切る。
2 別の耐熱容器にAを入れて電子レンジで2〜3分加熱する。
3 グラタン皿にすべての材料を入れて混ぜ、180℃に予熱したオーブンで30分焼く。中心につまようじを刺して卵液が出たらアルミホイルをかぶせて火が通るまで焼く。

主菜　副菜

オーブン

じゃがいものガレット （15min.）

材料（子ども1人＋大人2人分）
じゃがいも … 小2個（250g）
ベーコン … ハーフ3枚（25g）
シュレッドチーズ … 30g
オリーブオイル … 大さじ1

大人は＋ 塩こしょう

1 じゃがいもは縦半分に切ってから千切りにする。
2 ベーコンは細切りにする。
3 フライパンにオリーブオイルを熱し、1の半分を入れてその上に2とチーズ、さらに残りのじゃがいもをのせて中火で焼く。
4 フライ返しでおしつけるようにして焼き、焼き色がついたら裏返す。全体に火が通り、端がカリッとするまで焼く。

主菜

フライパン

副菜

レンジ加熱のお約束

特に記載がない限り、食材は耐熱容器に入れ、ふんわりとラップをしてから加熱してください。

副菜

電子レンジ　冷凍OK

ひじきの煮物 （10min.）

材料（子ども1人＋大人2人分）
乾燥ひじき … 10g
にんじん … ¼本（50g）
ちくわ … ½本
しょうゆ … 大さじ½
粉末だし（無塩）… 小さじ1
砂糖 … 小さじ2
みりん … 小さじ2
水 … 大さじ3
大人は＋ めんつゆ

1　乾燥ひじきは水（分量外）で戻し、軽く水気を切る。
2　にんじんは3〜4cm長さの細切りにする。ちくわは小さく切る。
3　耐熱容器にすべての材料を入れて軽く混ぜ、電子レンジ（600W）で5分加熱する。

memo
ひじきはかぶるくらいの水に入れて5分チンすると時短で戻せるよ

副菜

電子レンジ　冷凍OK

切り干し大根の煮物 （10min.）

材料（子ども1人＋大人2人分）
切り干し大根 … 30g
水 … 200mℓ
にんじん … 3cm（30g）
油揚げ … ½枚
粉末だし（無塩）… 小さじ1
砂糖 … 小さじ1と½
しょうゆ … 小さじ2
みりん … 小さじ1
大人は＋ めんつゆ

1　切り干し大根はよく洗い、軽く絞ってから耐熱容器に入れ、水を入れて10分浸す。
2　にんじんは3〜4cm長さの細切りにし、油揚げは横半分に切ってから細く切る。
3　1にすべての材料を入れて混ぜ、電子レンジ（600W）で7分加熱する。

memo
小さい子には切り干し大根を小さく切ってね。

副菜

電子レンジ　冷凍OK

かぼちゃの煮物 （10min.）

材料（子ども1人＋大人2人分）
かぼちゃ … ⅛個（200g）
A　砂糖、しょうゆ、みりん … 各大さじ½
　　水 … 大さじ5
大人は＋ めんつゆ

1　かぼちゃは種を取って2〜3cm大に切る。
2　耐熱容器にAを入れて1のかぼちゃを入れ、軽く混ぜる。
3　電子レンジ（600W）で5分加熱する。上下を返して全体を混ぜ、さらに2分加熱する。

ごはんやおかずに不足しがちな野菜、海藻類などをメインにした、
足りない栄養素を補う副菜。献立のバランスを考えるほかに、
おかずとの相性を考えたり、食感や味わいの違いを楽しむのも大切です。

さつまいものバターきんぴら `10min.`

材料（子ども1人＋大人2分）
さつまいも … 小1本（200g）
A｜しょうゆ、みりん
　　　… 各大さじ½
いりごま … 大さじ1
バター … 5g

大人は＋ めんつゆ

1 さつまいもは3mm幅の細切りにして耐熱容器に入れ、水に10分さらす。
2 1の水を切ってAを入れてよく混ぜたら、電子レンジ（600W）で3分加熱する。
3 上下を入れ替えるようにして混ぜ、さらに2分加熱する。
4 ごまとバターを加えて混ぜる。

副菜

電子レンジ　混ぜるだけ　冷凍OK

のり塩ポテト `10min.`

材料（子ども1人＋大人2分）
じゃがいも … 小2個（200g）
ウインナー … 40g
塩 … 2つまみ
バター … 10g
青のり … 小さじ2

大人は＋ 塩こしょう

1 じゃがいもは皮をむいて2cm角に切り、耐熱容器に入れて水に5分さらし、水気を切る。
2 ウインナーは5mm厚さの斜め切りにする。
3 1に2のウインナーを入れて電子レンジ（600W）で6分加熱する。
4 塩とバターを加えて混ぜ、青のりをかける。

副菜

電子レンジ　混ぜるだけ

にんじんしりしり `10min.`

材料（子ども1人＋大人2分）
にんじん … 小1本（150g）
油 … 大さじ½
白だし … 小さじ2
砂糖 … 小さじ½
卵 … 1個

大人は＋ 白だし

memo
白だしの代わりにめんつゆ（3倍濃縮）でもOK！

1 にんじんは3〜4cm長さの千切りにして耐熱容器に入れる。
2 1に油を入れて混ぜ、電子レンジ（600W）で2分加熱する。
3 残りの材料を入れてよく混ぜ、電子レンジで3分加熱する。
4 卵が熱いうちに全体をかき混ぜる。

副菜

電子レンジ　冷凍OK

レンチン茶碗蒸し 20min.

材料（子ども1人＋大人2人分）
卵…2個
水…300mℓ
白だし…小さじ1（子ども用）、
　　大さじ1×2（大人用）
冷凍ほうれん草…20g
飾りにコーン、かまぼこ…少量

主菜　副菜

電子レンジ　混ぜるだけ

1 ボウルに卵を割り入れて水を加えて混ぜる。

2 1を3つの器に分けて入れ、子ども用と大人用それぞれに白だしを追加し、よく混ぜる。

3 2に、ほうれん草と飾りにかまぼこやコーンをのせて、2個ずつ電子レンジ（200W）で7分加熱する。卵液が固まるまで様子を見ながらさらに30秒ずつ追加で加熱をする。残りも同じように加熱する。

ほうれん草の白和え 10min.

材料（子ども1人＋大人2人分）
木綿豆腐…150g
冷凍ほうれん草…40g
にんじん…2cm（20g）
かに風味かまぼこ…2本
砂糖…大さじ1
しょうゆ小さじ…½
みそ…小さじ1
すりごま…大さじ2

大人は＋ めんつゆ

副菜

電子レンジ　混ぜるだけ

1 豆腐は数枚のキッチンペーパーで包み、耐熱容器に入れて電子レンジ（600W）でラップをせずに3分加熱する。

2 冷凍ほうれん草は電子レンジで1分30秒加熱して解凍する。

3 にんじんは千切りにして耐熱容器に入れ、電子レンジで1分加熱する。

4 ボウルにかに風味かまぼこ以外のすべての材料を入れる。かに風味かまぼこはさきながら加え、混ぜる。

ブロッコリーの
塩昆布あえ 5min.

材料（子ども1人＋大人2人分）
ブロッコリー
　…½個（可食部70g）
すりごま…大さじ1
マヨネーズ…大さじ1と½
砂糖…小さじ½
塩昆布…5g
ツナ缶…½缶（35g）

大人は＋ マヨネーズ

副菜

電子レンジ　混ぜるだけ　冷凍OK

1 ブロッコリーは小房に分けて切り、耐熱容器に入れ、電子レンジ（600W）で2分加熱する。

2 ツナ缶は汁気を切る。

3 1にすべての材料を入れて混ぜる。

キャロット・ラペ   10min.

材料（子ども1人＋大人2人分）
にんじん … 小1本（150g）
きゅうり … ½本（50g）
レーズン … 大さじ1

A 酢 … 大さじ1
   オリーブオイル … 大さじ½
   砂糖、しょうゆ … 各小さじ1

大人は＋酢、しょうゆ

1 にんじんは3～4cm長さの千切り
  にして耐熱容器に入れ、電子レン
  ジ（600W）で2分加熱する。
2 きゅうりは千切りにする。
3 1に2を加えて電子レンジでさら
  に1分加熱する。粗熱を取ってか
  ら絞って水気を切り、取り出す。
4 3の容器にAを入れ、電子レン
  ジで30秒加熱する。
5 3と4を混ぜてレーズンを散らし、
  よく冷やす。

副菜
電子レンジ 混ぜるだけ

大根マヨサラダ   5min.

材料（子ども1人＋大人2人分）
大根 … 5cm（100g）
にんじん … 2cm（20g）
きゅうり … 4cm（20g）

A マヨネーズ … 大さじ2
   砂糖 … 小さじ½
   めんつゆ（3倍濃縮）
      … 小さじ1

いりごま … 大さじ1
ミニトマト … 適量

大人は＋めんつゆ

1 大根とにんじんときゅうりは、千
  切りにする。
2 ボウルに1とAを入れて混ぜる。
  子ども用のミニトマトは小さく切
  って飾り、いりごまをふる。

memo
生野菜が苦手な子には、1のあ
とにさっとゆでると食べやすい
よ。

副菜
混ぜるだけ

春雨サラダ   10min.

材料（子ども1人＋大人2人分）
春雨 … 20g
きゅうり … ⅓本（30g）
にんじん … 2cm（20g）
ハム … 2枚

A 水 … 50mℓ
   砂糖 … 小さじ1と½
   しょうゆ … 小さじ1
   酢 … 小さじ2

いりごま … 大さじ1
ごま油 … 小さじ½

大人は＋酢、しょうゆ

1 春雨をはさみで半分にカットして
  耐熱容器に入れておく。
2 きゅうりとにんじんは3～4cm長
  さの千切りにし、ハムは半分に切
  って細く切る。
3 1にAとにんじんを入れて混ぜ、
  電子レンジ（600W）で3分加熱す
  る。3分そのままおく。
4 3に残りの材料を入れて混ぜる。

副菜
電子レンジ 混ぜるだけ

かぼちゃサラダ　10min.

材料(子ども1人＋大人2人分)
かぼちゃ…⅛個(200g)
クリームチーズ…30g
マヨネーズ…小さじ1
レーズン…30粒
大人は＋ マヨネーズ

1 かぼちゃは種を取り、水で濡らしてラップで包み、電子レンジ(600W)で5〜6分加熱する。やわらかくなったら皮を切り落とす。
2 ボウルに1と残りの材料を入れてよく混ぜる。

副菜

電子レンジ　混ぜるだけ　冷凍OK

ひじきサラダ　10min.

材料(子ども1人＋大人2人分)
乾燥ひじき…5g
にんじん…¼本(50g)
枝豆…30g
コーン…30g
マヨネーズ…大さじ1と½
砂糖…小さじ1
ツナ缶…½缶
しょうゆ…小さじ1
すりごま…大さじ1と½
大人は＋ マヨネーズ、しょうゆ

1 乾燥ひじきは水で戻す。にんじんは千切りにする。枝豆は包丁の背でたたいてつぶす。
2 ひじきとにんじん、枝豆を耐熱容器に入れて、かぶるくらいの水(分量外)を入れ、電子レンジ(600W)で3分30秒加熱する。
3 水気を切って残りの材料を混ぜる。

副菜

電子レンジ　冷凍OK

切り干し大根サラダ　10min.

材料(子ども1人＋大人2人分)
切り干し大根…30g
にんじん…4cm(40g)
きゅうり…½本(50g)
すりごま…大さじ1
しょうゆ…大さじ¼
マヨネーズ…大さじ2
砂糖…小さじ1
ツナ缶…½個
みそ…小さじ1

1 切り干し大根はよく洗う。耐熱容器に入れてかぶるくらいの水(分量外)を加え、10分おく。
2 にんじんときゅうりは千切りにする。
3 1に、にんじんを入れて電子レンジ(600W)で5分加熱する。
4 汁気を絞って残りの材料を加え、よく混ぜる。冷蔵庫で冷やす。

副菜

電子レンジ　混ぜるだけ

fromみきてぃ レンチン後に水分を絞るレシピは、耐熱袋に入れてレンチン後、端っこをはさみで切って水を絞るとラク。

幼児食のお悩み Q&A

幼児食に関連した私の疑問や、
過去にInstagramでいただいた疑問について、
監修の中村先生に聞いてみました！
体重って多くても少なくても悩むよね。

**お菓子が好きで、
あまりご飯を食べません。
どうすれば？**

A

子どもは甘いものが大好きですよね。でも、食事に影響が出るのは食べすぎです。お菓子は置き場所を隠して、時間と量を決め、自由には食べられないことを伝えましょう。4歳以上ならば、お気に入りの器に決めた量を入れるなど、一緒に話しながらルールを作ってもいいですね。

**遊び食べがひどく、
時間がかかります。
途中で切り上げてもいい？**

A

ごはんで遊ぶなどの行動には注意をしつつ、30分以上かかるならば切り上げてもOKです。単に食事の量が多く、食べ切れないので飽きてしまった、ということもあるので、「減らす？」と声をかけてみるのもあり。食べられる量だけ皿に残して、食べ切ったらほめてあげましょう。

**体重がなかなか
増えません。
どうすればいいですか？**

A

子どもは一度にたくさんの量を食べることが難しいので、第4の食事である「おやつ」が大切です。おやつといっても甘いものに限らず、おにぎりやパン、いも類など軽食、フルーツでも◎。市販のお菓子は脂質、添加物が多いので、ときどきは本書を参考に手作りはいかが？（→p.136）

**体重が平均より重めです。
食事量を減らしたほうが
いい？**

A

成長曲線から大きく外れていなければ、そんなに気にすることはありません。ただ、3歳を過ぎて1年で3kg以上体重が増加すると、肥満の兆しと考えられています。外食や甘いものを減らしたり、きのこや海藻など、よく噛める料理を増やして、生活リズムを見直してみましょう。

**食への関心が薄いようです。
興味を持たせる方法は
ありますか？**

A

大人が一緒に食卓につき、おしゃべりをしながら、おいしそうに、楽しそうに食べる様子を見せましょう。食事の時間が楽しくなれば、食べものへの興味も湧いてくるかもしれません。きのこをほぐす、卵を割る・混ぜるなど、簡単なお手伝いを頼んで一緒に食事を作るのもいいですね。

おやつ

レンジ加熱のお約束

特に記載がない限り、食材は耐熱容器に入れ、ふんわりとラップをしてから加熱してください。

オートミールクッキー 5min.

材料（約8個分）
オートミール…40g
バナナ…1本（150g）

memo
バナナは皮が黒いほどおいしいクッキーになるよ。

オーブン　包丁いらず

1. バナナは小さくちぎり、ボウルに入れてフォークなどでつぶす。
2. 1にオートミールを混ぜ、直径5cmほどの平たい円型を作る。
3. クッキングシートを敷いた天板に並べ、170℃に予熱したオーブンで20分焼く。

バナナごまクッキー 10min.

材料（約10個分）
バナナ…½本（70g）
きな粉…40g
いりごま…5g

memo
型抜きせずにシートの上に平たくした生地をのせ、包丁で切れ目を入れてもOK！

オーブン　包丁いらず

1. バナナはボウルに入れて、フォークなどでなめらかになるまでつぶす。
2. 1にきな粉といりごまを入れて、こねながら生地をまとめる。
3. 厚さ7mm程度まで生地を伸ばして好みの型で抜く。
4. クッキングシートを敷いた天板に並べ、170℃に予熱したオーブンで17分焼く。

かぼちゃのソフトクッキー 10min.

材料（約10個分）
薄力粉…100g
かぼちゃ…100g
バター…30g
レーズン…20g
砂糖…大さじ1
塩…ひとつまみ

memo
かぼちゃはかたければやわらかくなるまで加熱します。

オーブン　包丁いらず

1. かぼちゃは水にぬらしてラップで包み、電子レンジ（600W）で2分加熱する。
2. バターは耐熱容器に入れて電子レンジで20秒加熱する。
3. 1に薄力粉以外の材料を入れてよく混ぜる。最後に薄力粉を加えてさっくりと混ぜる。
4. 生地を1cm大くらいに丸めて、平たくする。
5. クッキングシートを敷いた天板に並べ、200℃に予熱したオーブンで15分焼く。

楽しみなおやつの時間も、子どもにとっては栄養を補う大切な食事の時間。
おやつだからといって、遊び食べは危険です。必ず大人が側で見守りましょう。
また、年齢に合わせて大きさを調整し、たまに見直すことも忘れずに。

焼きふラスク (5min.)

材料（8個分）
焼きふ … 8個
バター … 10g
青のり … 小さじ1
粉チーズ … 小さじ½

1 耐熱容器にバターを入れて電子レンジ（600W）で30秒加熱する。
2 1に焼きふと青のり、粉チーズを加えて、バターがなじんだらトースターで2〜3分焼く。

memo
焦げやすいので目を離さないで。

トースター｜包丁いらず｜混ぜるだけ

マカロニきな粉 (10min.)

材料（子ども1人分）
マカロニ（ゆで時間3分のもの）
　… 10g
水 … 300㎖
きな粉 … 小さじ1
砂糖 … 小さじ½

1 耐熱容器にマカロニと水を入れて電子レンジ（600W）で5分加熱する。
2 1の水を切ってきな粉、砂糖をまぶす。

memo
きな粉を黒すりごまにしても◎。

電子レンジ｜包丁いらず｜混ぜるだけ

さつまいもりんご煮 (10min.)

材料（子ども2食分）
さつまいも … 小⅓本（50g）
りんご … ¼個（75g）
水 … 100㎖
砂糖 … 小さじ1
レモン汁 … 小さじ1

1 さつまいもは8㎜厚さの輪切りにしてから4つに切り、水に5分さらす。
2 りんごは4つ割りにしてから皮をむいて、さらに2〜3等分してから8㎜厚さのいちょう切りにする。
3 耐熱容器にすべての材料を入れて電子レンジ（600W）で6分加熱する。

memo
皮が食べづらい子にはさつまいもの皮をむいてね。

電子レンジ

ほうれん草のお団子 （10min.）

材料（20個分）
絹ごし豆腐 … 30 g
冷凍ほうれん草 … 25 g
白玉粉 … 30 g

memo
小さく刻めば3歳ごろから食べられるよ。

なべ　包丁いらず

1 ほうれん草は電子レンジ（600W）で1分加熱し、水分をしぼる。
2 豆腐と1のほうれん草をブレンダーなどでなめらかにしてペースト状にする。なべに水を入れて沸かしておく。
3 2に白玉粉も加えて混ぜる。生地がまとまったらこねて丸め、真ん中をへこませる。
4 沸騰した湯の中へ入れて3分して浮いたら氷水に浸ける。

豆乳のおもち風 （5min.）

材料（作りやすい量）
砂糖 … 小さじ1
片栗粉 … 大さじ2
豆乳 … 100㎖
お好みできな粉、黒すりごま、砂糖 … 適量

memo
ちっ息防止のため、3歳まで控えよう。3歳を過ぎたら小さく刻めば食べられるよ。

電子レンジ　包丁いらず

1 耐熱容器に砂糖と片栗粉を入れて混ぜる。
2 1に少しずつ豆乳を加えて、だまがなくなるまで混ぜる。
3 電子レンジ（600W）で1分加熱する。
4 全体をかき混ぜてさらに30秒加熱する。1時間以上冷やして、完成。

手作り果汁グミ （5min.）

材料（2㎝大で20個分）
オレンジジュース … 100㎖
粉ゼラチン … 10 g
砂糖 … 小さじ2

1 耐熱容器にすべての材料を入れてよく混ぜる。
2 電子レンジ（600W）で1分加熱する。
3 シリコン容器などの小さい器に入れて30分冷やし、小さくして食べさせる。

memo
ぶどうジュースでもおいしくできるよ！　甘めなので3歳以降、食べ過ぎに注意して与えよう。

電子レンジ　包丁いらず

ヨーグルトゼリー （10min.）

材料（グラス4個分）
ヨーグルト…200g
牛乳…200ml
水…50ml
粉ゼラチン…5g
砂糖…大さじ1
フルーツの缶詰…1缶（190g）

1 耐熱容器に水を入れてゼラチンを振り入れ、溶かす。
2 1を電子レンジ（600W）で30秒加熱し、砂糖を加えて混ぜて溶かしておく。
3 ボウルにヨーグルトと牛乳を入れて混ぜ、2を加えてよく混ぜる。
4 器に缶詰の具を入れてから3を注ぐ。冷蔵庫で2時間以上冷やす。

電子レンジ　包丁いらず　混ぜるだけ

甘酒マンゴープリン （5min.）

材料（グラス4個分）
冷凍マンゴー…100g
牛乳…70ml
甘酒…70ml
粉ゼラチン…5g
水…30ml

1 冷凍マンゴーを耐熱容器に入れて電子レンジ（600W）で1分加熱する。
2 別の容器に水を入れて20秒加熱し、粉ゼラチンを入れて溶かす。
3 1のマンゴーから飾り用を取り出してから牛乳と甘酒を入れて混ぜ、2のゼラチンを加えてブレンダーやミキサーなどでしっかりと混ぜる。
4 器に3を注いで冷蔵庫で2時間以上冷やす。

包丁いらず　混ぜるだけ

甘酒アイス （5min.）

材料（4本分）
いちご…5個
甘酒…80ml
豆乳…80ml

1 いちごと甘酒、豆乳をブレンダーやミキサーなどでよく混ぜる。
2 アイスバーの型（なければ製氷皿でも）の底にいちご（分量外）を敷いて1を入れてふたをする。
3 冷凍庫で冷やし固める。

memo
少し多めなので、余った分はスムージーとしてママ・パパが飲み干して。

混ぜるだけ

絶品スムージー

材料をブレンダーやミキサーにかけるだけの体が喜ぶレシピ。生野菜が苦手な子には、レンチンした野菜を使ってあげても◎。

小松菜バナナ
スムージー

材料
（子ども1人＋大人1人分）
牛乳200㎖、小松菜1株（90ｇ）、りんご¼個（75ｇ）、バナナ1本（150ｇ）

トマトベリー
スムージー

材料
（子ども1人＋大人1人分）
トマト½個（75ｇ）、
冷凍ミックスベリー50ｇ、
牛乳100㎖、はちみつ小さじ2

りんごにんじん
スムージー

材料
（子ども1人＋大人1人分）
りんご¼個（75ｇ）、バナナ½本（75ｇ）、 にんじん⅓本（65ｇ）、牛乳150㎖、ヨーグルト大さじ3

memo
にんじんは薄切りにするか、電子レンジ（600W）で2〜3分加熱でやわらかく。

ブルーベリー
スムージー

材料
冷凍ブルーベリー50ｇ、
バナナ1本（150ｇ）、
牛乳…150㎖

にんじんマンゴー
スムージー

材料
（子ども1人＋大人1人分）
冷凍マンゴー80ｇ、
にんじん¼本（50ｇ）、
水120㎖、はちみつ小さじ1

memo
にんじんは薄切りにするか、電子レンジ（600W）で2〜3分加熱でやわらかく。

■ 離乳食後期
■ 離乳食イベントごはん
■ 幼児食

ビタミン・ミネラル

著者：みきてぃ（離乳食アドバイザー・上級幼児食インストラクター）
簡単で栄養がしっかりとれる離乳食と幼児食について発信している二児のママ。離乳食アドバイザー、上級幼児食インストラクターの資格を持ち、リアルタイムで進めている幼児食期の娘と離乳食期の息子の子育ての経験を元に、たくさんのママの毎日の育児に少し余裕が生まれることを目標に活動している。発信しているレシピは手順が少ないだけでなく、子どもと一緒に料理ができるような簡単なものばかり。親子で一緒にご飯を作り、おいしそうに食べる様子まで発信しているリアルな食事風景に人気が集まっている。
Instagram：@ babygirl_ellen

監修：中村美穂（管理栄養士）
保育園栄養士として乳幼児の食事作りや食育活動、地域の子育て支援事業に携わる。2009年に独立し、料理教室を開催。離乳食教室、食育講座の講師のほか、書籍・雑誌・WEB記事、生協カタログ等へのレシピ提供、監修を多数担当。二児の母。
HP：https://www.syokujikan.com
Instagram：@syokujikan_miho

がんばらなくても栄養（えいよう）たっぷり！
離乳食（りにゅうしょく）＆幼児食（ようじしょく）まるごとBOOK

2023年6月16日　初版発行
2024年9月25日　11版発行

著者／みきてぃ
監修／中村 美穂（なかむら みほ）

発行者／山下 直久

発行／株式会社KADOKAWA
〒102-8177　東京都千代田区富士見2-13-3
電話　0570-002-301（ナビダイヤル）

印刷所／大日本印刷株式会社

製本所／大日本印刷株式会社